Inhalt

Ein Wort zuvor 6

Geheimnisvolle Vorgänge, die unter die Haut gehen 8

Grillgeräte – volkstümlich bis luxuriös 10

Vom Umgang mit der Glut 14

Das Handwerkszeug 16

Würzen (k)eine Kunst 18

Die Party steht bevor 19

Kleine Grilladen 20

Schweinefleisch 46

Rindfleisch 64

Kalbfleisch 74

Lammfleisch 78

Geflügel und Wildgeflügel 82

Wild 97

Innereien 99

Fische und Schalentiere 104

Spezialitäten 122

Exotisches 126

Gemüse und Obst 134

Beilagen 140

Käse 156

Register 158

Alfred Berliner

Mehr Freude und Erfolg beim

Grillen

FALKEN VERLAG

Ein Wort zuvor . . .

Wenn man ein wenig im Geschichtsbuch der menschlichen Ernährung blättert, dann wird man weit zurück auch an die Stelle kommen, wo unsere Vorfahren erstmals kein rohes Fleisch, keinen ungegarten Fisch mehr aßen, sondern Gefallen an einer Zubereitungsart fanden, die ihnen der Himmel geschickt hatte. Irgendwann nämlich haben Blitze ein Feuer entzündet, sind Tiere darin teilweise verbrannt, haben die Menschen entdeckt, daß dieses der Hitze ausgesetzte Fleisch viel besser schmeckt als rohes.

Das Feuer, auch als Quell der Wärme geschätzt, wurde schnell genutzt, das nachzumachen, was die Natur per Zufall vorexerzierte. Man hielt das Fleisch an Spießen über die Glut oder in die Nähe der Flammen, und die Bärenkeule, die Wildente, der Hase wurden plötzlich zu Leckerbissen.

Sicherlich ist diese Darstellung ein Zeitraffer, und die Entwicklung bis zum bewußten Garmachen über der Glut dauerte unendliche Jahrhunderte, doch was ist das schon in der Menschheitsgeschichte?

Überspringen wir die dazwischenliegenden Kapitel. Heute jedenfalls ist es wieder hochaktuell, seinen Gästen nach alter Art Gegrilltes vorzusetzen. Man hat klar erkannt, daß dies nicht nur gut schmeckt, sondern daß Grillgerichte auch gesund sind – sofern man die wichtigsten Grundsätze bei diesem „Handwerk“ beherzigt.

Dazu kommt, daß Grillen eine Art Gesellschaftsspiel ist. Wenn sich eine lustige Gesellschaft um die Glut versammelt, wenn das Fleisch so verlockend duftet, der Fisch sich langsam bräunt, die Kartoffel in der Folie gar wird, dann muß einfach Stimmung aufkommen.

Dabei spielt es auch keine Rolle, ob man den eher komplizierten Rezepten folgt, oder ob man ein einfaches Würstchen auf den Rost legt, ob man raffinierte Salate dazu bietet oder nur ein Stück Weißbrot und einen Schluck Rotwein.

Grillen macht Spaß, und dieses Buch soll dazu dienen, etwas tiefer in die Materie einzudringen, aus dem Gelegenheitsgriller einen „Meister vom Rost“ zu machen.

Bemerken möchten wir noch, daß wir zwar bei unseren Rezepten alles so genau wie möglich angegeben haben, und doch sollte man darüber hinaus nicht das „schöpferische“ Grillen vergessen. Speziell bei den vielen Hackfleischrezepten, bei den Füllungen und Marinaden kann man stets auch eigene Wege gehen, kann Zutaten und Gewürze verwenden, die man besonders mag und die vielleicht in den Rezepten nicht vorkommen.

Und mit den Grillzeiten ist es ähnlich. Unsere Zeiten können nur ungefähre Angaben sein, denn Hitze läßt sich auf dem Grill nicht genau messen. Schon wenn etwas Wind weht, wenn die Außentemperatur unterschiedlich ist, die Sonne stark scheint, hat das einen gewissen Einfluß.

Unser Rat: Lieber etwas früher das Grillgut herunternehmen und bei Bedarf dann noch etwas nachgrillen.

Geheimnisvolle Vorgänge, die unter die Haut gehen

Grillen ist Kochen per Strahlungshitze. Kein Topf stört diesen Vorgang, kein Wasser wird zur Brühe, weil es dem Fleisch, Fisch oder Gemüse lebenswichtige Bestandteile entzieht, kaum Fett ist nötig, ein Anbrennen zu verhindern, geschweige denn, daß unser „Material“ in schwimmendem Fett gegart wird. Daß so etwas gesund sein muß, liegt auf der Hand. Tatsächlich kommt keine andere Garungsmethode an den Wert des Grillens heran, und es ist eigentlich ein Wunder, daß nicht mehr gegrillt wird.

Infrarote, also unsichtbare Wärmewellen sind es, die von der starken Glut ausgehen und das Grillgut garen. Dabei schließen sich zuerst die äußeren Poren und verhindern, daß wertvoller Fleischsaft auslaufen kann. Große Hitze ist deshalb vonnöten, damit dies möglichst schnell passiert und Vitamine, Phosphate, Salze, Eiweiß und die

vielen anderen Bestandteile sorgsam in den Poren eingeschlossen werden. Allmählich dringen schließlich die infraroten Strahlen auch bis in das Innere vor und garen das Grillstück durch und durch. Bei zarten „Umhüllungen", wie der dünnen Haut einer Wachtel beispielsweise, muß man deshalb auch zunächst noch einen schützenden Mantel aus Speck umlegen, den man später aber entfernen kann. Das werden wir aber von Fall zu Fall genau beschreiben.

Dann kommt dazu, daß Gegrilltes auch deshalb besonders gut schmeckt, weil die Holzkohlenglut ein ganz typisches, unverkennbares Aroma abgibt, das vom Heizmaterial, der Buchenkohle, stammt. Mancher mag diesen Effekt noch steigern, indem er zum Schluß des Grillvorganges ein paar trockene Kräuter oder Zweige von Rebstöcken auf die Glut gibt.

Grillgeräte – volkstümlich bis luxuriös

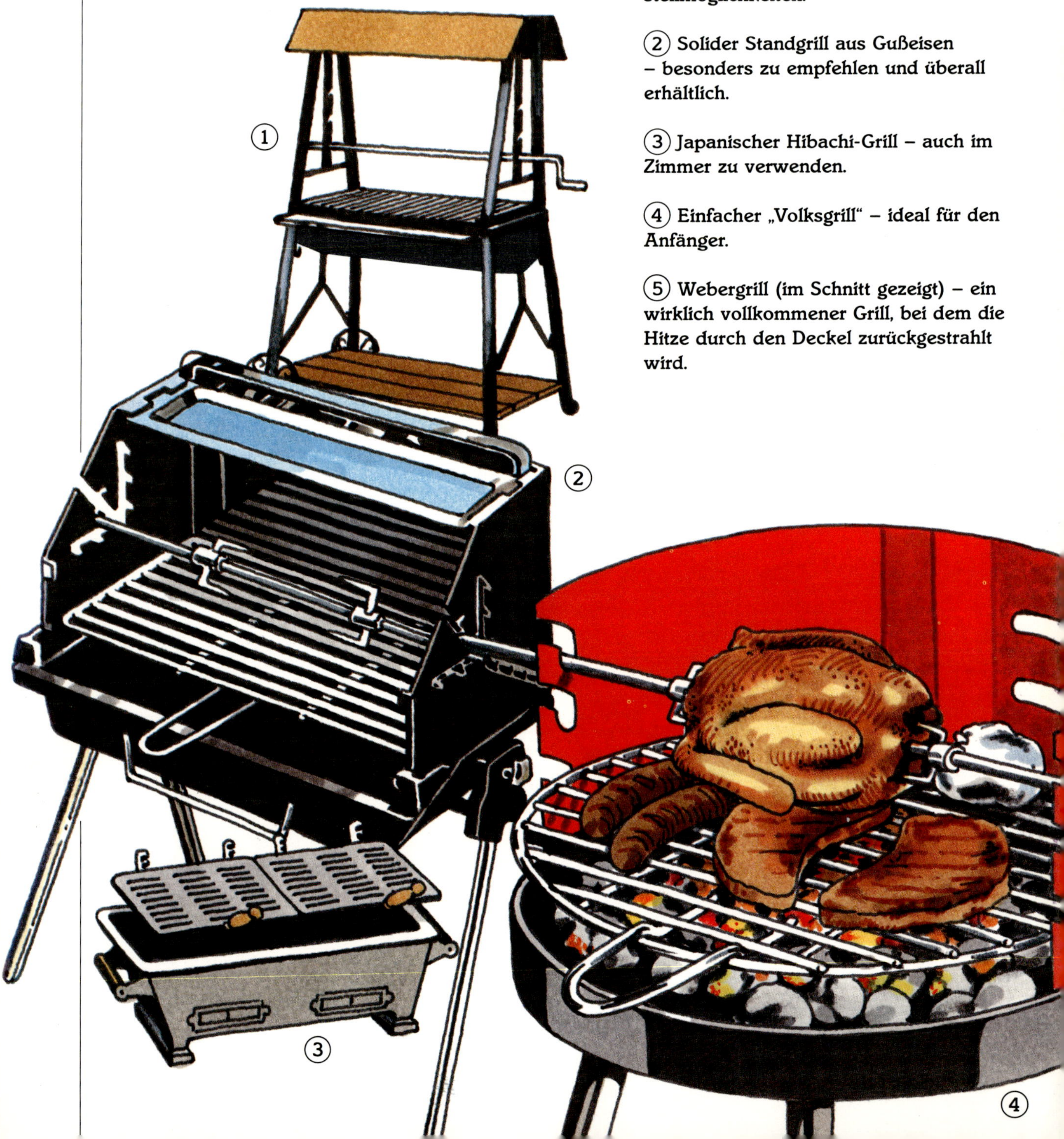

(1) Fahrbarer Luxusgrill mit vielen Verstellmöglichkeiten.

(2) Solider Standgrill aus Gußeisen – besonders zu empfehlen und überall erhältlich.

(3) Japanischer Hibachi-Grill – auch im Zimmer zu verwenden.

(4) Einfacher „Volksgrill" – ideal für den Anfänger.

(5) Webergrill (im Schnitt gezeigt) – ein wirklich vollkommener Grill, bei dem die Hitze durch den Deckel zurückgestrahlt wird.

⑥ Rundgrill mit Windschutz und Rauchabzug.

⑦ Kamingrill, den man auch gut im Freien verwenden kann.

⑧ Einfachste Grillanordnung mit Steinen und einem Rost.

⑨ Zerlegbarer Schwenkgrill – speziell für Camping.

⑩ Gemauerter Gartengrill für größere Fleischstücke (natürlich gehört noch ein Dach dazu).

Wie wir eingangs schon feststellten, war die Urmethode des Grillens, das Fleischstück einfach über die Glut oder in die Nähe des Feuers zu halten. Heutzutage haben wir es natürlich leichter, und es gibt eine unübersehbare Fülle von unterschiedlichen Geräten, von billig, einfach und klein bis hin zu den fahrbaren oder fest installierten Luxusgrills mit allen Verstellmöglichkeiten, sowohl für die Rosthöhe als auch für die Anordnung der Glut.

Die kleinen runden Geräte mit dem obenaufliegenden Rost sind in erster Linie für den Anfänger gedacht. Damit kann man gut feststellen, ob man dieses Hobby später gründlicher ausüben möchte. Die Geräte sind meist ein wenig wackelig und haben auch kaum Verstellmöglichkeiten für die Höhe des Rostes. Fast immer haben sie einen im Halbkreis herumragenden Windschutz, der gleichzeitig ein Lager für den Drehspieß darstellt. Wer also nicht gleich einen Grillrost auf ein paar Steine legen will, wird mit diesen nur wenig Geld kostenden Geräten ganz gut bedient sein.

Einen breiten Spielraum nehmen die Geräte der Mittelklasse ein. Hier darf man nicht selten eine ausgezeichnete Qualität erwarten, eine solide Verarbeitung, hohe Standfestigkeit, Rostfreiheit und vor allem Verstellmöglichkeiten einmal für die Höhe des Rostes über der Glut und zum anderen für die Glutanordnung generell. Bei der Grilltechnik werden wir erläutern, warum das so wichtig ist.

In der letzten Zeit haben sich hier immer mehr Geräte aus Gußeisen oder Gußaluminium durchgesetzt. Beim Kauf ist deshalb besonders auf Standfestigkeit zu achten, denn solche Geräte sind schwer und verlangen nach einem soliden Unterbau. Camper achten natürlich noch auf leichte Zerlegbarkeit und ein „erträgliches" Gewicht. Für sie sind also die Aluminiumgeräte vorteilhaft.

In den USA stark verbreitet, aber auch bei uns immer häufiger schon anzutreffen, ist der sogenannte Webergrill. Das ist ein runder Grill mit einem halbkugelförmigen Deckel. Dies ist recht zweckmäßig, da man das Grillgut – bis hin zur ganzen Pute oder zum kleinen Spanferkel – nicht wenden muß. Die Hitze strahlt von innen gegen den Deckel und dann zurück auf die Grillstücke. Gut auch, wenn man im Winter grillen möchte.

Bei den noch größeren fahrbaren Luxusgeräten gibt es in Sachen Ausrüstung und Verstellmöglichkeiten keine Grenzen. Meist haben diese Geräte auch gleich einen senkrechten und einen waagerechten Glutkasten. Großzügige Arbeitsflächen, Regenschutzdach mit Rauchabzug, Aschekasten und vieles mehr sind vorhanden, kosten aber natürlich auch Geld.

Wer ein eigenes Haus oder einen Schrebergarten hat, ist auch gut mit einem gemauerten Grill bedient. Nach einer durchdachten Zeichnung wird sich bald jemand finden, der das Werk zu Ende führt. Wobei sicher auch ein Schlosser oder Schmied für den verstellbaren Rost und die Glutbehälter bemüht werden muß.

An Sondergeräten wollen wir noch den sogenannten Hibachi erwähnen, der speziell für den Balkon und für nur wenige Personen und kleine Grillereien geeignet ist. Fettfreie Grilladen, wie z. B. ein Steak, kann man – nachdem der Grill im Freien angeheizt wurde – ohne weiteres auch mit diesem japanischen Kleingerät im Wohnzimmer grillen.

Wer einen Kamin hat, kann bei genügend Glut auf einem hineingeschobenen Standgrill grillen. Das sind Geräte, die es beim Kaminhandel gibt und die man auch im Freien ohne weitere Anlagen benutzen kann, indem man die Glut darunter auf der Erde anzündet.

Eines steht fest: Gute Grillergebnisse kann man mit jedem Gerät erreichen, wenn nur die Hitze stimmt und der Rost oder das Grillgut sorgfältig eingefettet werden. Und Spaß macht Grillen mit dem einfachsten wie mit dem „hochgezüchteten" Gerät gleichermaßen.

Herbes
de

Vom Umgang mit der Glut

Wer nicht gerade ein großes Feuer herunterbrennen läßt, um über der dann entstandenen Glut zu grillen, kann auf die viel bequemere Holzkohle zurückgreifen, die eine enorme Hitze entwickelt.

Für kleinere, nicht so lange dauernde Grillereien ist die sogenannte Retorten- oder Scheitholzkohle am besten geeignet. Sie ist preiswerter, glüht schneller durch, und sollte man einmal nachschütten müssen, geht es mit der Hitze schnell wieder weiter.

Bei größeren Bratenstücken oder bei Grillpartys mit vielen Gästen, die zu unterschiedlichen Zeiten immer wieder grillen wollen, bieten sich die Holzkohlenbriketts an. Das sind kleine Eierkohlen, die mindestens eine halbe Stunde brauchen, ehe sie durchgeglüht sind, die aber auch sehr lange die Glut halten. Der höhere Preis ist dann gerechtfertigt.

Angezündet wird die Holzkohle am bequemsten mit einem Elektroanzünder. Dieser wird einfach unter die Kohle geschoben, und nach wenigen Minuten hat man schon eine schöne Glut, die sich bald ganz ausdehnt.

Gut sind auch Trockenanzünder. Das sind kleine Würfel aus trockenem Brennstoff, die man ebenfalls unter die Kohle legt. Dann wird angezündet und die Kohle darüber angehäuft.

Besonders gut sind Trockenanzünder geeignet. Sie sind ungefährlich und praktisch.

Wer vorsichtig ist, kann auch mit Spiritus anzünden. Die Kohlen werden damit getränkt, dann wird die Flasche zugeschraubt und weggestellt, und man zündet mit einem langen Fidibus an. Sollte man einmal nachschütten müssen, darf dies nur aus einer Kelle und nie aus der Flasche geschehen!

Die Glut ist zum Grillen geeignet, wenn alle Stücke mit einer weißgrauen Asche bedeckt sind. Um dies schneller zu erreichen, nehmen viele einen Blasebalg. Liegt schon Grillgut auf dem Rost, ist das aber kaum zu empfehlen, da die Asche dabei hochgewirbelt wird. Besser ist es dann schon, mit einer zusammengefalteten Zeitung vorsichtig zu wedeln.

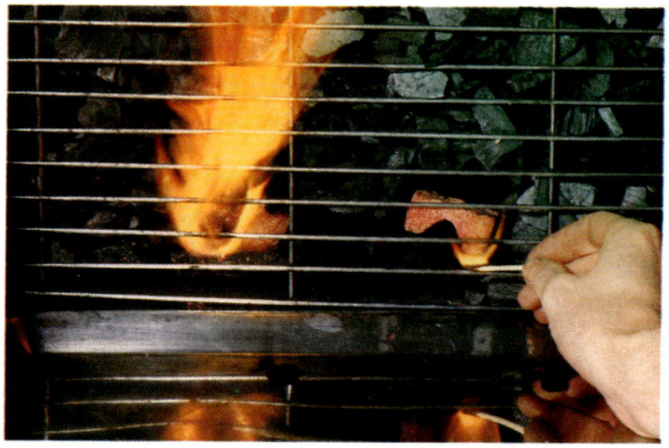

Schnell gehen die Trockenanzünder in lodernden Flammen auf und verursachen Glut.

Natürlich kann man sich die Glut mit einem speziellen Löffel noch zurechtschieben. Bei vielen kleinen Grilladen (Würstchen, Frikadellen usw.) muß sie völlig ausgebreitet sein, damit überall die gleiche Hitze herrscht. Hat man nur ein größeres Stück am Drehspieß, häuft man die Kohlen bergfömig darunter an.

Doch das alles gilt nur für das Grillen auf dem Rost. Ist der Glutbehälter senkrecht angeordnet, also neben dem Grillgut (das dann meist auf einem Spieß steckt), braucht

Wenn alle Kohlen mit grauer Asche bedeckt sind, ist die Glut richtig.

Eventuelle Flammen löscht man mit etwas Wasser. Vorher Grillgut herunternehmen.

man nur immer oben Kohle nachzufüllen, die sich dann von allein anzündet, wenn einmal eine gute Glut vorhanden war.

Wie kann man nun messen, ob das Grillgut die richtige Hitze bekommt? Dazu gibt es eine einfache Methode: Man hält die Hand über oder neben den Rost und zählt „einundzwanzig, zweiundzwanzig". Das sind genau zwei Sekunden. Wenn man es bis dahin ausgehalten hat, ist die Hitze genau richtig. Mußte man die Hand vorher wegziehen, ist die Hitze zu stark, kann man noch länger aushalten, ist sie zu schwach. Man muß dann entweder näher an die Glut oder sie verstärken.

Sollte sich einmal hineintropfendes Fett entzünden, löscht man die Flammen mit etwas Wasser, das immer parat stehen sollte. Eventuell muß man die Grilladen auch schnell herunternehmen, damit sie nicht verbrennen. Das geht nämlich bei der Entwicklung von Flammen blitzschnell.

Eigentlich sollte so etwas ja nicht passieren, denn immer, wenn überhaupt Fett aus dem Grillgut heraustropfen kann, wäre es besser, die senkrechte Glutanordnung zu wählen. Verbrennendes Fett schlägt sich auf dem Grillgut nieder, und daß so etwas ungesund ist, weiß inzwischen jeder. Nun, wenn es hin und wieder mal passiert, ist es nicht so schlimm, aber ein Dauerzustand sollte dies keinesfalls werden.

Bei der senkrechten Glut muß man natürlich beim Kauf des Gerätes gleich auch an entsprechende Grillkörbe denken, in die man Fleisch und Fische einklemmen kann. Ein weiterer Vorteil dieser Grillart ist auch das Auffangblech. Nicht selten treten doch Bratensäfte aus, die man so auffangen kann. Jeder einigermaßen geschickte Koch wird daraus mit ein paar Zutaten, etwas Sahne vielleicht oder Crème fraîche, eine schmackhafte Sauce zu zaubern verstehen.

Eine ganz eigene Note kann man seinem Grillgut verleihen, wenn man zum Schluß der Grillzeit noch ein paar trockene Kräuter oder Wacholderbeeren in die Glut wirft. Dann ist der Rauch erwünscht und räuchert abschließend die Grilladen ein wenig.

Ein paar Kräuter zum Schluß in die Glut: das Geheimnis des Grillprofis.

Das Handwerkszeug

Viel Handwerkszeug braucht man nicht zum Grillen. Aber die wenigen Dinge sollten wenigstens gut sein.

Da ist einmal die unerläßliche Zange, mit der man alle kleinen Grillstücke bequem wenden und vom Grill nehmen kann.

Für größere Fleischstücke ist zwar eine meist zweizinkige Gabel ganz brauchbar, doch andererseits ist auch die Gefahr groß, daß man das Fleisch zu sehr zersticht und der Fleischsaft auslaufen kann. Man muß also recht behutsam mit diesem „Folterinstrument" umgehen oder sich anders behelfen.

In einem Grillset ist meist eine Art Palette. Damit kann man weiche kleine Grillstücke – wie Frikadellen – gut wenden. Der große Löffel, der immer auch dabei ist, ist gut zum Arrangieren der Glut zu gebrauchen.

Gern verschenktes Mitbringsel ist der Blasebalg. Doch so schön er ist, man wirbelt nur die Asche damit hoch. Man sollte ihn nur zum Anfachen der Glut verwenden, bevor das Grillgut auf dem Rost liegt.

Recht wichtig sind Handschuhe. Da gibt es spezielle Grillhandschuhe, doch meist sind sie zu dünn und schützen nicht genug vor der starken Hitze. Viel billiger und besser sind einfache Gartenhandschuhe; sie sind derb und dick, und man kann damit dicht ans Feuer.

Aus dem Haushalt kann man dann noch zum Fleischschneiden ein großes Brett, ein paar scharfe Messer und den Wetzstahl mitnehmen, und nichts wird der Grillparty – über deren Organisation wir an anderer Stelle sprechen – mehr im Wege stehen.

Das braucht man alles zum Grillen:

Grillgerät	möglichst mit horizontal und vertikal verstellbarem Glutkasten
Holzkohle	Retortenkohle und Briketts
Anzünder	Trockenanzünder oder Elektroanzünder
Grillzange	
Pinsel	aus Naturhaar

empfehlenswert sind:

Grillhandschuhe	möglichst mit Wärmeschutz
Drehspieß	mit Batteriemotor
Drahtkörbe	für Fisch und Fleisch
Bratenthermometer	mit Skaleneinteilung für Fleischsorten
Kohlenlöffel	

weiterhin:

Fleischwender, Bratengabel, Holzbrett, Messer, Stanniolfolie (stark), Schaschlikspieße (Holz oder Metall).

Bei allen metallischen Geräten sollte man darauf achten, daß sie aus rostfreiem Stahl bestehen, oder es muß auf sofortige Reinigung nach dem Grillen geachtet werden (speziell beim Grillrost).

3kg
3kg
Holzkohlewerk Lünebu

Würzen (k)eine Kunst

Es gibt einige wichtige Methoden, dem Grillgut die richtige Würze zu verleihen, wobei man immer bedenken muß, daß durch den Bräunungsvorgang interessante Geschmacksstoffe entstehen. Diese sollte man nur unterstreichen und nicht zu übertönen versuchen. Besser ist es also, immer zaghaft und vorher zu würzen.

Vielfach werden wir deshalb Marinaden empfehlen, in denen das Fleisch oder der Fisch zunächst einmal Würzstoffe annimmt. Die Marinaden werden dabei häufig überwiegend aus Öl bestehen, das zunächst den Sauerstoff während des Marinierens vom Grillgut fernhält und später über oder neben der Glut einen Schutz der Oberfläche darstellt. Am besten ist dabei Sonnenblumenöl geeignet, das den höchsten Rauchpunkt besitzt. Auch Maiskeim- und Erdnußöl sind geeignet, während man Olivenöl nur ausnahmsweise nehmen sollte.

Das Öl mischt man am besten im hochtourig eingestellten Mixer mit den anderen Zutaten. Dabei ergibt sich eine gute Verbindung aller Zutaten, die intensiv in Fleisch und Fisch eindringen kann. Besonders geeignet sind hier Sojasauce, Worcestersauce, Zwiebel- und Knoblauchsaft und andere Fertigwürzen – nicht jedoch Mayonnaisen und ähnliches. Gut ist es auch, während des Marinierens die Stücke hin und wieder zu wenden.

Wenn man wegen der Dicke des Grillstükkes längere Zeit grillen muß, empfiehlt es sich, zunächst das Stück nach dem Marinieren abzutupfen und mit reinem Öl zu bepinseln. Erst später – während der letzten Minuten – kann man den Rest der Marinade nehmen. Dies ist wichtig, weil meist geriebene Zwiebel, zerdrückter Knoblauch oder grob gestoßene Gewürze dabei sind, die dann verbrennen würden.

Daß jedes Grillgut, das nicht genügend austretendes Eigenfett hat, ständig mit Öl eingepinselt werden muß, darauf weisen wir immer wieder hin. Dies ist wirklich wichtig! Man nimmt dazu aber einen Naturhaarpinsel, da Kunststoff zu schnell schmelzen würde. Außerdem sollte man natürlich weitgehend vermeiden, daß Öl in die Glut tropft, doch das erläutern wir ja bei der Grilltechnik ausführlich.

Eine gute Methode ist auch das Würzen mittels einer Füllung. Sie gibt nicht nur Saft an das Fleisch ab, sondern eben auch ihre Würze. Abgesehen davon schmeckt eine solche Füllung sehr gut – auch kalt am nächsten Tag.

Weniger bekannt ist das Würzen mittels einer Injektionsspritze. Damit gibt man vor dem Grillen geeignete Würzflüssigkeiten direkt in das Fleisch. Solche Spritzen – möglichst mit größerer Kanüle – kann man in jeder Apotheke kaufen, außerdem gibt es sie seit einiger Zeit auch schon direkt in recht robuster Ausführung in Haushaltswarengeschäften.

Zum Spritzen sind speziell Mischungen von Spirituosen (Wacholder, Cognac, Armagnac, Calvados, Kirschwasser u. ä. aromatische Hochprozenter) mit anderen Flüssigkeiten (wie Worcestersauce, Zitronensaft, Knoblauchsaft usw.) geeignet.

Die Flüssigkeiten dürfen allerdings keine groben Teile – wie gestoßenen Pfeffer – enthalten, da die Spritze sonst verstopft (Flüssigkeit eventuell im Kaffeefilter durchfiltern).

Die Party steht bevor

Wenn man im Garten am eigenen Haus oder auf dem Balkon Gäste begrillen will, ist das kein großes Problem. Fehlt etwas, wird man es meist im Hause haben. Anders ist eine Grillparty auf der grünen Wiese zu organisieren. Da muß an alles gedacht werden, sonst kann es leicht eine Panne geben.

Wichtig ist es z. B., eine Ersatzmöglichkeit zu schaffen, wenn es in Strömen regnen sollte und niemand mehr ausgeladen werden kann. Wenn es kein großes Zelt gibt, sollte man vielleicht eine Gastwirtschaft wissen oder einen Bauernhof, wo man Unterschlupf finden und möglicherweise sein Grillgut unter einem Vordach oder notfalls auf dem Herd garen kann. Wenn alle mitmachen, wird es in jedem Fall eine lustige Party.

Für das was man mitnehmen muß, ist eine „Checkliste" sehr wichtig. Schon lange vorher kann man alles sorgsam notieren, am besten nach verschiedenen Gesichtspunkten, damit nichts vergessen wird: Geräte, Grilladen, Geschirr, Gläser, Bestecke, Getränke, Holzkohlen und Anzünder, Wasser (auch zum Löschen), Abfalltüten, Licht, Musik, Sitzgelegenheiten, Servietten usw. sind nur einige der Punkte, an die man denken muß.

Bei der rechtzeitig zu versendenden Einladung sollte man auch eine genaue Lageskizze mit Parkmöglichkeiten mitschicken.

Die Gäste werden es dem Gastgeber danken, wenn sie nicht erst lange herumirren müssen, um den Grillplatz zu finden.

Natürlich darf man nicht an beliebiger Stelle in der Natur grillen, doch gibt es heute überall öffentliche Grillplätze, die meist recht gut eingerichtet sind. Auskünfte darüber holt man am besten bei den Forstämtern oder Stadtverwaltungen ein. Daß man den Platz nach dem Grillen wieder in Ordnung bringt und vor allem die Glut restlos löscht, sei als Selbstverständlichkeit nur am Rande erwähnt.

Grillwürstchen

Eine ganze Weltanschauung liegt in diesen kleinen Grillwürsteln. Deutschland ist ohnehin das Land der Wurst, und es gibt kein Land, in dem es mehr Auswahl gibt. So verwundert es nicht, wenn auch auf dem Gebiet der Bratwürstel eine landsmannschaftlich unterschiedliche Auswahl besteht.

An anderer Stelle befassen wir uns noch mit weiteren Sorten, hier aber soll die kleine oder manchmal auch ein wenig größere Nürnberger Bratwurt zu ihrem Recht kommen. Sie verdient es wirklich, Nr. 1 aller Würste auf dem Grill zu sein. Ebenso wie die lange Thüringer, die man aber auch im westlichen Deutschland bekommt.

Zum Grillen sind beide unübertroffen, sie sind fertig gewürzt, enthalten die richtige Mischung aus schierem Fleisch und den unerläßlichen Fettbestandteilen, vor allem aber aus Gewürzen der verschiedensten Art. Jeder Metzger wird da sein kleines Geheimnis noch mit hineinwirken. In jedem Fall aber wird Majoran neben Pfeffer und Salz die erste Geige beim Würzen spielen.

Vor dem Grillen reibt man den Rost mit einer Speckschwarte ein, damit die Würstchen nicht „ankleben". Sonst ist nichts weiter zu beachten, außer daß man die Würstchen beim Grillen noch mit Öl einpinseln kann. Das muß aber nicht sein. Auch müssen sie nicht – wie man öfter hört – vorher gebrüht werden.

5–8 Nürnberger Würstchen (pro Kopf)

Speiseöl

TIP: Sehr gut passen Sauerkraut oder Weißkrautsalat dazu. Kartoffelsalat ist ebenfalls nicht zu verachten.

Bratwürstchen kann man auch ausgezeichnet einfrieren. Am Rande des Grills sind sie schnell aufgetaut, und so hat man immer einen „Notvorrat" für das spontane Grillen.

Frikadellen

Neben Würstchen sind Frikadellen, ins „Hochdeutsche" übersetzt auch Buletten genannt, des Grillfreunds liebste Speise. Man kann unglaublich viel Liebe in diese „Fleischklopse" hineinkneten, ebenso kann man es sich aber auch recht einfach machen. In jedem Fall gehen die Dinger vom Grill weg „wie warme Semmeln".

Zunächst dünsten wir die Zwiebelwürfel in der Butter glasig (bei der volkstümlicheren Variante kann man sie auch roh dazugeben). Nach dem Abkühlen kommen sie zum Fleisch, ebenso das Ei, Senf, Glutamat, Cayennepfeffer, zerdrückter grüner Pfeffer, Worcestersauce, Cognac oder Weinbrand, Pfeffer, Salz und ein in Milch eingeweichtes altbackenes Brötchen, nachdem es gut ausgedrückt wurde.

„Handwerk" ist alles bei den Frikadellen, und deshalb wird die Masse nun mit den Händen gut durchgearbeitet. Ebenfalls mit den Händen, diesmal aber mit kaltem Wasser benetzt, werden nun die flachen, kreisförmigen Dinger geformt.

Gegrillt werden die Frikadellen von jeder Seite je nach Größe 4–7 Minuten. Im übrigen wird eine Probe die hungrigen Geister

davon überzeugen, ob sie zuschlagen können oder noch ein paar Minuten Geduld haben müssen.

500 g Hackfleisch (1/2 und 1/2)
2 große Zwiebeln · 30 g Butter
1 Ei (wer mag, nimmt zwei)
1 Eßlöffel Senf
1/4 Teelöffel Glutamat
1 Prise Cayennepfeffer
1 Eßlöffel grüner Pfeffer
1 Eßlöffel Worcestersauce
2 cl Cognac oder Weinbrand
Pfeffer, Salz
1–2 altbackene Brötchen
3 Tassen Milch

TIP: Lustig ist es, kleine Überraschungen in die Frikadellen „einzubauen“: etwas Camembert, Brie oder Schafskäse, ein gewässertes Sardellenfilet, ein gekochtes Wachtelei, zwei, drei Perlzwiebeln, Doppelrahmfrischkäse mit Kräutern usw.

Hamburger

Diese Scheiben aus gebratenem Rinderhack, verpackt in butterweiche, saftaufsaugende Brötchenhälften und gewürzt mit Ketchup, bekommt man mittlerweile bei uns an fast jeder Straßenecke. Ja, sie sind unerläßlicher Bestandteil der Ernährung ganzer Volksschichten geworden. Wenn sich der Feinschmecker vor dieser „Mode“ auch ein wenig abwendet, gut gemacht sollte man sie nicht ablehnen. Speziell, wenn man unter seinen Grillgästen Kinder und Jugendliche hat, wird man mit einer Hamburger-Einlage sicherlich viel Freude auslösen.

Das Hackfleisch – es sollte wirklich reines Rinderhackfleisch sein – wird mit Salz und Pfeffer gewürzt. Aus der Masse werden Scheiben von etwa 1,5 cm Dicke im Durchmesser der Brötchen geformt. Dann die Hamburger von beiden Seiten etwa 3–4 Minuten grillen und dabei mit Öl bepinseln.

Alles andere ist noch einfacher: Auf eine Brötchenhälfte kommt ein Salatblatt, dann der Hamburger, ein paar Zwiebelringe und Ketchup. Mit der zweiten Hälfte wird das Kunstwerk bedeckt.

Diese Standardfassung kann man natürlich beliebig abwandeln. So können der Fleischmasse z. B. glasig gedünstete Zwiebelwürfel, Ei, Senf und andere Gewürze aus der Frikadellen-Abteilung beigegeben werden.

Eines allerdings ist verpönt: Semmelbrösel oder eingeweichtes Brötchen.

Auf die Brötchen wird oft auch zunächst Mayonnaise gestrichen. Ebenso kann man auch längsgeschnittene Gewürzgurkenscheiben dazupacken.

500 g Rinderhack
Salz, Pfeffer
Speiseöl
2 mittelgroße Zwiebeln
8 Hamburger-Brötchen
Salatblätter
Ketchup

TIP: „Vorschriftsmäßig" werden Hamburger von der Hand in den Mund gegessen. Da gehört schon etwas Geschicklichkeit dazu, wenn man sich nicht mit Ketchup vollspritzen will. Es sollen in jedem Fall viele Papierservietten bereitliegen.

Grillrouladen

Ein wahrer Rouladenfreund wird auch beim Grillen nicht auf sein Lieblingsgericht verzichten wollen. Ihm sei geholfen.

Die diesmal besonders dünn geschnittenen Rouladen werden mit einer Mischung aus Senf, Sardellenpaste, geriebener Zwiebel, durchgedrehtem Rauchspeck, Glutamat, Pfeffer und Salz bestrichen und um lange Holzscheite gewickelt.

Man sollte alles aber nicht zu dick umwickeln, da sonst das Fleisch außen schon trocken wird, während es innen noch nicht durch ist. Lieber also die Rouladen noch teilen, falls sie zu groß sind.

Mit einem Zahnstocher oder einem Faden kann man das Fleisch zusammenhalten.

Unter fleißigem Drehen und Einstreichen mit Öl werden die Rouladen etwa 15 Minuten gegrillt. Dann nach Belieben noch mit Salz und frisch gemahlenem Pfeffer würzen und zur Abwechslung einmal eine pikante Sauce reichen.

Dazu zerkleinern wir im Mixer die Gewürzgurken, den eingelegten Paprika, die Kapern und würzen mit grünem Pfeffer, Cayennepfeffer, Tomatenketchup und Salz.

800 g Rinderrouladen
1 Eßlöffel Senf
1 Teelöffel Sardellenpaste
1 mittelgroße Zwiebel
100 g Rauchspeck
1/4 Teelöffel Glutamat
Speiseöl · Pfeffer und Salz

Pikante Sauce:
2 mittelgroße Gewürzgurken
1/2 Tasse eingelegten Paprika
1 Eßlöffel Kapern
1 Eßlöffel zerdrückter grüner Pfeffer
1 Prise Cayennepfeffer
1 Eßlöffel Tomatenketchup · Salz

Gemischter Würstchengrill

Im Land mit dem vielfältigsten Wurstangebot der ganzen Welt ist ein gemischter Würstchengrill selbstverständlich die große Trumpfkarte auf jeder Grillparty. Und auch wer keinerlei Ahnung vom Kochen hat, sich für dieses Gebiet überhaupt nicht interessiert, kann sich – wenn er mit Grillen an der Reihe ist – mit verschiedenen Würstchen immer aus der Affäre ziehen. Die Verantwortung für Qualität, Gewürze, äußere Form und Frische hat in jedem Fall der Metzger, falls man seine Würstchen nicht selber macht.

Nun gibt es ausgesprochene Grillwürstchen, die speziell zu diesem Zweck „konstruiert" sind. Sie haben die ideale Mischung von Fleisch- und Fettbestandteilen, und auch die Würzung ist für diesen Zweck abgestimmt. Es sind die Nürnberger Würstel, Grillwürste, grobe und feine Bratwürste u. ä.

Andere sind nicht ganz so geeignet, z. B. Wiener und Frankfurter Würstchen oder Fleischwurst. Doch mit Speck umwickelt, vielleicht mit etwas Käse gefüllt oder mit anderen Zutaten auf Spieße gesteckt, wird man auch an diesen Würsten seinen Spaß haben.

Da bieten sich Mischungen mit Zwiebeln, Paprika, festfleischigen Tomaten, Stücken von Maiskolben, Zucchini usw. an.

Sehr originell sind auch Frankfurter, die man längs aufschneidet, ohne sie jedoch völlig durchzuschneiden. In den Schnitt kommen Käsestreifen, die mit darumgewikkelten dünnen Rauchspeckscheiben festgehalten werden (sie würden ja in der Hitze sonst herauslaufen). Zahnstocher halten dann alles zusammen.

Gut grillen kann man auch dicke Scheiben von Bierwurst, Schinkenwurst, Mortadella und ähnlichen Sorten. Nicht jedoch geräucherte Dauerwurst.

Grillspieße

Bei den beliebten Grillspießen kann man der Phantasie freien Lauf lassen. Wenn es nur Fleisch und Gemüse mit etwa gleichen Garzeiten sind, wenn man die Spieße beim Grillen gut einölt, dann kann eigentlich kaum etwas dieses Vergnügen trüben.

Lammfleischspieße (s. Bild)

Lammfleisch aus Brust und Keule wird in einigermaßen gleich große Würfel geschnitten. Diese mit einer Paste aus Öl, geriebener Zwiebel, zerdrücktem Knoblauch und Senfpulver einstreichen und abwechselnd mit Tomaten, Zwiebeln und Rauchspeckscheiben auf Spieße stecken.

Nürnberger Spieße

Fingerdicke Nürnberger Bratwürstel werden in 3–4 cm lange Stücke geschnitten, mit Speck umwickelt (muß nicht sein) und mit Zucchinischeiben auf Spieße gesteckt.

Schweinelendenspieße

Die Lende in 2 cm dicke Scheiben schneiden und 1 Stunde in eine Marinade aus Öl, Senf, Paprikapulver, Pfeffer und Salz legen.

Abwechselnd mit Zwiebelscheiben auf Spieße stecken.

Cocktailspieße

Cocktailwürstchen mit Paprikastückchen und Rauchspeckscheiben auf Spieße stecken.

Man kann auch Wiener oder Frankfurter Würstchen nehmen, die in etwa 5 cm lange Stücke geschnitten werden.

Nierenspieße

Schweine- oder Kalbsnieren werden nach dem Wässern in etwa gleich große Stücke geschnitten und nach dem Würzen mit Pfeffer, Salz, Sojasauce und Senf mit Zwiebelstücken auf Spieße gesteckt.

„Fleischwurst-krone“

Selbst aus einer einfachen Fleischwurst kann man auf dem Grill noch ein Gericht zaubern, das Aufmerksamkeit bei allen Gästen erregt.

Dazu grillt man den Ring zunächst 5 Minuten von einer Seite. Dann umdrehen und die gegrillte Seite von oben alle 2–3 cm einschneiden.

In die Schlitze abwechselnd Scheibchen von Schweizer Käse und Gewürzgurken stecken. Dann auch die Unterseite noch 5 Minuten grillen und mit scharfem Senf und Kartoffelsalat servieren.

1 Fleischwurstring
150 g Schweizer Käse
2 Gewürzgurken

Leberkäse „Cordon bleu“

Kalbsschnitzel „Cordon bleu“ kennt sicher jeder. Auch Leberkäse kann man nach der Original-Rezeptur „veredeln“.

Dazu wird in eine dicke Scheibe Leberkäse einfach ein Schlitz geschnitten, in den eine passende Scheibe Schweizer Käse und gekochter Schinken kommen. Zu würzen brauchen wir diesmal nicht, und natürlich wird der Leberkäse auch nicht paniert.

Den Schlitz sollte man aber mit einem Zahnstocher zustecken, damit der Käse in der Hitze nicht herausfließen kann.

4 dicke Scheiben Leberkäse
2 Scheiben Schweizer Käse
2 Scheiben gekochter Schinken

Leberkäse am Stück

Immer weiter dringt diese bayerische Spezialität über den Weißwurstäquator nach Norden, und es gibt nicht wenige Metzger oberhalb dieser Grenze, die ihn heute ein- oder mehrmals in der Woche anbieten.

Für die Grillparty brauchen Sie ein großes längliches, möglichst gleichmäßig dickes Stück. Eventuell muß man es ein wenig zurechtstutzen, damit es auf dem Drehgrill nicht „eiert".

Den Spieß nun genau durch die Längsachse stecken, die Klammern einstecken und unter Bepinseln mit Öl etwa 25 Minuten grillen.

Fast unerläßlich dazu ist ein saftiger Kartoffelsalat.

2–3 kg Leberkäse

Speiseöl

Hühnerkroketten

Dieses Gericht kann man recht leicht halten, so daß es auch für jene Gäste besonders geeignet ist, die ein wenig auf ihre Figur achten müssen.

Das Hühnerfleisch wird von den Knochen gelöst und mit den Zwiebeln, dem geräucherten Speck (bei Diätkost nimmt man weniger), rotem und grünem Paprika durch die feine Scheibe des Fleischwolfs gedreht.

Dazu kommen gehackte Petersilie, Senf, Ingwerpulver, Glutamat, Cayennepfeffer und Salz. Dann noch die Eier und 3–4 Eßlöffel Semmelbrösel dazugeben.

Nach dem Durcharbeiten muß eine glatte Masse entstanden sein, aus der man mit nassen Händen etwa 3 cm dicke, fingerlange Röllchen formt. Diese nun in Semmelbröseln wälzen und bei nicht zu starker Hitze (damit die Brösel nicht verbrennen) unter gelegentlichem Umdrehen 12 Minuten grillen.

Anfangs betupft man die Kroketten vorsichtig mit Öl, später mit sehr weicher Butter.

Ein Salat aus Maiskörnern paßt besonders gut dazu.

1 kg Hühnerschenkel
2 große Zwiebeln
200 g Rauchspeck
250 g Paprika (rot und grün)
1 Bund Petersilie
1 Eßlöffel Senf
1/2 Teelöffel Ingwerpulver
1/4 Teelöffel Glutamat
1 Prise Cayennepfeffer
Salz
2 Eier
200 g Semmelbrösel

Dörrfleisch-spießchen

Dörrfleisch ist ideal zum Grillen und Paprika ebenso. Wenn beides auf einem Spieß Scheibe neben Scheibe vereint ist, dann wird daraus der Spieß der Spieße.

Bevor das Fleisch aufgesteckt wird, sollte man es noch in einer Mischung aus grob gemahlenem schwarzem Pfeffer, Paprikapulver und zerstoßenem Koriander wälzen. Ein paar Champignonköpfe dazwischen, geben eine weitere interessante Note.

Unser kleines Bild (oben) zeigt noch russische Spieße. Dazu werden abwechselnd Fleischstücke und Zwiebeln auf Schaschlikspieße gesteckt.

„Russisch" werden die Spieße, indem man dicken Sauerrahm dazu reicht.

500 g	Dörrfleisch (Rauchfleisch)
500 g	Paprika (grün und/oder rot)
1	Eßlöffel schwarzer Pfeffer
1	Eßlöffel Paprikapulver
1	Teelöffel Koriander
250 g	Champignons (mittelgroß)

Fischfrikadellen

Sehr köstlich können Fischfrikadellen sein, und sie brauchen sich hinter ihren fleischigen Brüdern auch keineswegs zu verstecken.

Die grätenfreien Fischstücke werden durch den Wolf gedreht. Dazu kommen in Butter glasig gedünstete Zwiebelwürfel, gehackter Dill, Sojasauce, Senf, Sardellenpaste, Glutamat, Ei, Semmelbrösel, Pernod, Crème fraîche, Pfeffer und Salz.

Nachdem der Teig gut durchgearbeitet wurde, längliche oder runde Frikadellen formen, mit Öl bestreichen und in Semmelbröseln wälzen. Dann von jeder Seite etwa 5 Minuten grillen.

500 g Fisch verschiedener Sorten
2 mittelgroße Zwiebeln
20 g Butter
1 Bund Dill
1 Eßlöffel Sojasauce
1 Teelöffel Senf
1/2 Teelöffel Sardellenpaste
1/4 Teelöffel Glutamat
1 Ei
3 Eßlöffel Semmelbrösel
2 Eßlöffel Pernod
4 Eßlöffel Crème fraîche
Pfeffer, Salz

Geflügelspieß

Auch die Freunde einer Diätkost sollen in unserem Buch nicht zu kurz kommen. Für sie haben wir ein kalorienarmes Gericht notiert, das freilich auch den anderen Genießern schmecken wird.

Die Basis ist Geflügelfleisch, am besten Putenschnitzel; es geht aber auch Huhn oder anderes Geflügel. Nur, beim Putenschnitzel hat man überhaupt keinen Abfall und kann es leicht in gleichmäßig große Stücke teilen.

Das Fleisch wird zunächst in einer Mischung aus Pernod, Öl, Tabasco und zerdrücktem grünem Pfeffer einige Stunden mariniert.

Dann steckt man es abwechselnd mit Zucchinischeiben und Zwiebelachteln auf Schaschlikspieße und grillt diese – natürlich gut eingeölt – insgesamt 10 Minuten.

Zum Schluß streicht man mehrmals von der restlichen Marinade darüber und salzt vor dem Servieren.

Trockener Reis und eine leichte Tomatensauce machen das Diätgericht perfekt.

400 g Putenschnitzel
4 cl Pernod
1/2 Tasse Speiseöl
1 Spritzer Tabasco
1 Eßlöffel grüner Pfeffer
2 Zucchini
6 kleine Zwiebeln
Salz

Phantasiespieße

Spieße sind nun einmal ideal zum Grillen. Man kann fast alles auf die kleinen hölzernen Stecken praktizieren, und der Phantasie sind kaum Grenzen gesetzt.

Ob es nun nur 1–2 Zutaten pro Spießchen sind oder eine bunte Mischung, ob Fleisch mit Gemüse, Fischstückchen mit Obst, die Hitze des Holzkohlengrills verbindet alles zu froher Allianz.

An anderer Stelle behandeln wir Fleisch-, Fisch- und Obstspieße und beschäftigen uns mit exotischen Spießen.

Hier sollen nun einmal Phantasiespieße vorgeschlagen werden, ohne daß wir Sie auch nur im geringsten daran hindern wollen, weitere Kombinationen selbst zu erfinden.

Man muß nur ein paar einfache Grundsätze beherzigen, und schon kann es losgehen:

- Die Stücke auf einem Spieß sollten möglichst annähernd die gleiche Größe haben.
- Die Garzeiten sollten etwa gleich sein, wobei man Gemüse ja heutzutage gerne knackig ißt.
- Längliche Stücke ordnet man so an, daß jeder Spieß zwei flache Seiten hat. Man kann ihn so besser wenden.
- Während des Grillens sollten die Spieße mehrmals mit Speiseöl bestrichen werden. Zum Schluß kann man auf weiche Butter übergehen, der Gewürze, wie Pfeffer, Salz, Ingwer, Cayennepfeffer, Knoblauch- und Zwiebelpulver, Senf, Paprikapulver und ähnliches beigegeben werden.

Gut zusammen passen:
Krevetten, Ananas, Speck;
Avocados, Tintenfisch, Scampi;
Geflügelleber, Champignons, Mango;
Filetfleisch, Lauch, Apfelstücke;
Kalbfleisch, Backpflaumen, Maronen;
Heilbutt, Feigen, Fisales;
Krevetten, Okra, Bleichsellerie.

Ćevapčići

Ein ganz einfaches Gericht zwar, aber doch so populär, daß jeder diesen Namen zuerst lernt, der einmal in Jugoslawien Urlaub macht. Natürlich schmeckt ein solches volkstümliches Gericht an Ort und Stelle immer besonders gut, doch auch bei einer heimischen Gartenparty werden sich die Gäste auf diesen Leckerbissen stürzen.

Das Hackfleisch – wenn Sie beim Einkauf skeptisch sind, drehen Sie es selbst durch – wird mit der feingehackten Zwiebel, den zerdrückten Knoblauchzehen, dem Paprikapulver, Salz und Pfeffer gut durchgearbeitet. Dann formt man fingergroße Röllchen und grillt sie etwa 8–10 Minuten, bis sie schön braun sind. Dabei natürlich mit Öl bepinseln.

Übrigens können die Ćevapčići innen ruhig noch rosa sein. Das ist aber nur bei selbstdurchgedrehtem fettfreiem Rinderfleisch empfehlenswert. Dazu gehören Berge von gehackten Zwiebeln.

300 g Rinderhackfleisch
300 g Schweine- oder Hammelhackfleisch
1 große Zwiebel
4 Knoblauchzehen
1 Eßlöffel edelsüßer Paprika
Salz, Pfeffer
Speiseöl

Schisch Köfté

Der ganze Balkan spricht aus diesen Hackfleischspießchen. Speziell in der Türkei ist dieses berühmte Gericht sehr beliebt und gehört zu den Stammgerichten vieler Regionen. Natürlich gibt es viele Variationen, und auch die Form ist nicht immer gleich. Oft werden aus der Fleischmasse nur Bällchen geformt. Wir machen es heute mal anders.

Die fertig zubereitete Masse wird um Holzspieße etwas größer als fingerdick herumgeformt. Das geht mit nassen Händen am besten.

Das Hammelfleisch zusammen mit der Zwiebel und den Knoblauchzehen durch die feine Scheibe des Fleischwolfs drehen. Dazu kommen das Ei, Majoran, gehackter Rosmarin, Salz und Pfeffer. Dann alles gut durchkneten.

Während des Grillens mit Öl bestreichen. Dazu paßt gut ein würziges Risotto.

- 600 g Hammelfleisch
- 1 große Zwiebel
- 4 Knoblauchzehen
- 1 Ei
- 1 Teelöffel Majoran
- 1/2 Teelöffel Rosmarin
- Salz, Pfeffer
- Speiseöl

TIP: Mayonnaise mit dem gleichen Teil Joghurt, gewürzt mit Knoblauch, Zitronensaft, Salz und Pfeffer: die ideale Sauce.

Ražnjići

Eines der bekanntesten Grillgerichte der jugoslawischen Küche sind diese ganz einfachen Spieße. Jeder, der dort schon einmal Urlaub gemacht hat, kennt sie und wird sie sicher gerne nachmachen wollen.

Die etwa 4 × 4 cm großen flachen Fleischstücke werden gemischt auf lange Metallspieße gesteckt. Am besten ist es, wenn diese Spieße nicht rund sind, da auch das Fleisch flach aufgespießt wird. Es kann sich dann nicht so leicht am Spieß drehen.

Das Fleisch wird von beiden Seiten goldbraun gegrillt. Dann salzen und pfeffern. Dazu gibt es reichlich gehackte Zwiebeln oder Krautsalat und Weißbrot.

400 g Kalbsschnitzel in Würfeln
400 g Schweineschnitzel in Würfeln
Salz, Pfeffer
400 g gehackte Zwiebeln

Schisch Kebab

Der untere Spieß auf unserem Bild ist ein Schisch Kebab, der klassische Lammspieß.

Hierzu wird das Fleisch in gleichmäßige Würfel von 2–3 cm Dicke geschnitten und in einer Mischung aus Öl, Senf, gestoßenem Koriander, grobem Pfeffer und Sardellenpaste für einige Stunden mariniert.

Nun abwechselnd mit Paprikastücken auf Schaschlikspieße stecken und ein paar Minuten grillen.

600 g Lammfleisch (Keule)
1/2 Tasse Speiseöl
1 Eßlöffel Senf
1 Teelöffel Koriander
1/2 Teelöffel Pfeffer
1 Teelöffel Sardellenpaste
3 große Paprikaschoten

Schweine-nierenspieß

Wer den etwas eigenwilligen, aber eben typischen Nierengeschmack mildern will, der legt die Nieren für 1/2–1 Stunde in öfter gewechseltes Wasser.

Nach dem Abtrocknen in „mundliche" Stücke schneiden und in einer Gewürzmischung aus Senfpulver, Cayennepfeffer, Muskatpulver, und Salz wälzen. Dann abwechselnd mit Rauchspeckscheiben auf Spieße stecken.

Man kann die Nierenstückchen auch mit dem Rauchfleisch umwickeln.

750 g Schweinenieren
1 Teelöffel Senfpulver
1 Prise Cayennepfeffer
1/2 Teelöffel Muskatpulver
Salz
200 g Rauchspeck

TIP: Wenn Sie einen lockeren luftigen Salat dazu bereiten oder etwas gegrilltes Gemüse und eine delikate Mayonnaisensauce, dann werden Sie mit diesen Spießen großen Erfolg bei Ihren Gästen ernten.

Leberspieße

Auch aus Leber lassen sich herrliche Spieße bereiten. Wir stecken die Leberstückchen, nachdem sie in geschrotetem Sesam, Ingwerpulver, Pfeffer und Salz gewälzt und in rohem Schinken eingewickelt wurden, auf die Holz- oder Metallstecken. Leicht einölen und 10 Minuten grillen. Man sollte sich rechtzeitig durch eine Probe davon überzeugen, ob die Leber gut ist. Eine zu lange Grillzeit macht sie leicht trocken.

Rösti passen gut dazu. Man kann sie in einer Pfanne auch auf dem Grill zubereiten, sofern dieser groß genug ist.

600 g Schweineleber
1/2 Tasse Sesamschrot
1 Teelöffel Ingwerpulver
Pfeffer, Salz
200 g roher Schinken
Speiseöl

TIP: Rosmarin oder frischer Salbei sind gute Lebergewürze. Geben Sie ein paar Nadeln oder Blätter dazu, oder streuen Sie sie zum Schluß über die Grillade.

Schweinerollbraten

Paradestück der deutschen Grillfreunde ist der Schweinerollbraten. Viele werden ihn fertig gewürzt und zusammengeschnürt beim Metzger kaufen. Der wahre Rollbraten-enthusiast allerdings wird sich genau überlegen, womit er seinen Braten innen würzen will.

Übrigens: Wer sich das fachgerechte Zusammenschnüren nicht zutraut, kann seine ganz private Gewürzmischung auch dem Metzger geben, der sie dann gerne verwendet.

Der Spieß wird möglichst zentral durch den Braten gesteckt. Dann werden die Klammern eingeschoben und festgeschraubt. Je nach Gewicht muß solch ein Rollbraten 1–1½ Stunden gegrillt werden.

Empfehlenswert ist in jedem Fall hier ein Grill mit senkrechter Glut, denn da die Fettseite beim Rollbraten außen ist (sollte sie jedenfalls), tropft doch viel Fett ab. Es sollte dann aus gesundheitlichen Gründen nicht in der Glut verbrennen. Außerdem wird man vielleicht aus dem herauslaufenden Bratensaft eine leckere Sauce zaubern wollen.

Würzen

1 Eßlöffel Paprikapulver
1 Eßlöffel Senfpulver
1 Prise Cayennepfeffer
2 Eßlöffel grüner Pfeffer
3 mittelgroße gehackte Zwiebeln
Salz, Rauchsalz, Knoblauchsalz

6 Eßlöffel Meerrettich
2 Eßlöffel zerstoßener Wacholder
1 Teelöffel Kümmel
3 mittelgroße gehackte Zwiebeln
Salz, Pfeffer

6 Eßlöffel Tomatenmark
1 Teelöffel Sambal
2 Teelöffel Curry
2 Eßlöffel Worcestersauce
Salz, Pfeffer

Füllungen

2 Bund gehackte Petersilie
2 Eßlöffel gehackte Petersilienwurzel
3 mittelgroße gehackte Zwiebeln mit 100 g Speckwürfeln glasig gedünstet
2 Teelöffel Rauchsalz
3 Eßlöffel zerdrückter grüner Pfeffer

200 g entsteinte Backpflaumen in 1 Tasse Rum eingeweicht und gehackt
50 g gehackte Mandeln
Salz, Pfeffer

Lendenschnecken

Das Beste vom Schwein sind zweifelsohne die Lenden, und sie sind vergleichsweise immer noch preiswerter als Rinderlende.

Heute wollen wir ein ganz neues Rezept empfehlen. Dazu werden die Lenden mit einem sehr scharfen Messer längs in etwa 3 mm dicke Scheiben geschnitten. Die Scheiben ein wenig mit einem schweren Messer klopfen.

Dann werden sie auf einer Seite mit einer Paste aus Senf, Sardellenpaste, zerdrücktem Knoblauch, Curry, Cognac, geriebener Zwiebel und Pfeffer eingestrichen und schnekkenförmig zusammengerollt. Jetzt jeweils 3–4 dieser Schnecken auf Schaschlikspieße stecken, einölen und ein paar Stunden ziehen lassen. Dann von allen Seiten insgesamt 12 Minuten grillen.

800 g Schweinelende
3 Eßlöffel Senf
1 Eßlöffel Sardellenpaste
3 Knoblauchzehen
1 Teelöffel Curry
Cognac
1 mittelgroße Zwiebel
Pfeffer

TIP: Die Gewürzmischung kann man ganz nach eigenem Geschmack abwandeln. Auch hauchdünne Streifen von Gewürzgurke, gekochtem oder rohem Schinken können eingerollt werden.

Schweinshaxe

Wenn zur Haxenparty eingeladen wird, dann lassen sich die hungrigen Geister meist nicht zweimal bitten. Dieses preiswerte Stück „Schwein mit Knochen“ verwandelt sich über der Glut des Holzkohlengrills zu einem wahren Leckerbissen.

Nicht ganz einfach ist es, die Haxen so auf den Grill zu stecken, daß ihr Gewicht einigermaßen gleichmäßig verteilt ist. Man muß den Spieß ganz dicht am Knochen vorbei durchstecken. Gegrillt werden die Haxen eine gute Stunde. Während der letzten Viertelstunde sollte man die Haxen traditionsgemäß mit Bier einpinseln. Das ist bayerische Art und gibt eine besonders knusprige Haut. Ganz zum Schluß noch salzen.

Wenn Sie leicht gepökelte und geräucherte Haxen bekommen können, sollten Sie mal etwas ganz Besonderes ausprobieren.

Die Haut wird mit einem scharfen Messer rautenförmig eingeschnitten. Nach 40 Minuten Grillzeit werden die Haxen mit einer Paste aus braunem Zucker, Pfeffer, Paprikapulver und Whisky mehrfach eingestrichen.

Klassische Beilagen dazu sind Knödel und Sauerkraut, doch im Freien kann man auch sehr gut Krautsalat und Kartoffelsalat anbieten.

2–4 Schweinshaxen (je nach Größe)
3 Eßlöffel brauner Zucker
1 Teelöffel Pfeffer
1 Eßlöffel Paprikapulver
2–3 cl Whisky

TIP: Leicht gepökelte und leicht geräucherte Haxen macht Ihnen auf Vorbestellung jeder Metzger. Rechnen Sie aber dafür 3–4 Tage.

Spanferkel

Ein ganzes Spanferkel zu grillen, ist nicht nur etwas für den „Profi vom Grill", es bedarf auch einer entsprechend großzügig angelegten Grilleinrichtung und ein paar Stunden Zeit, denn solch ein Tier wird nicht im „Kurbelumdrehen" gar. Doch alle Mühe lohnt sich, denn das Fleisch ist sehr zart und die Haut schön knusprig. Wer dazu noch leckere Salate anbietet, wird viel Applaus ernten.

Das Spanferkel wird gewaschen und trockengetupft, dann innen mit Pfeffer und Salz ausgerieben.

Natürlich kann man auch eine Füllung (z. B. eine Frikadellenmasse) hineingeben, muß dann aber die Grillzeit 30 Minuten verlängern.

Der Drehspieß muß recht genau unterhalb des Rückgrats durchgeführt werden. Eventuell kann man noch die Füße mit unlackiertem Blumendraht am Spieß festbinden, damit alles einen guten Halt hat. Ja, und nun wird unermüdlich über der starken Glut gedreht. Dabei hin und wieder mit Öl einpinseln und zum Schluß mit einer Mischung aus Bier, Zucker und Salz. Grillzeit bis 4 kg 3 Stunden, dann für jedes weitere Kilogramm 1/2 Stunde dazu.

Die etwas empfindlicheren äußeren Teile des Spanferkels, wie Ohren und Füße, kann man im ersten Teil der Grillzeit mit Stanniolfolie schützen, damit sie nicht verbrennen.

1 Spanferkel (pro Kopf etwa 700 g)
Pfeffer, Salz
1/4 Liter Bier
4 Eßlöffel brauner Zucker
2 Eßlöffel Salz

TIP: Wenn sich herausstellt, daß das Spanferkel teilweise noch nicht gar ist, grillt man diese Teile auf dem Rost einfach nach.

Schweine-medaillons

Die Schweinelende taucht mehrfach in unserem Grillbuch auf. Diesmal wollen wir Medaillons machen. Sie gehören zum Feinsten unserer Tafel und werden aus der Lende geschnitten. Schneiden Sie einfach 3–4 cm dicke Scheiben gerade ab, und schon haben Sie ihre Medaillons. Man kann sie noch ein wenig mit dem Handrücken oder einem breiten Messerrücken plattdrücken, und schon geht es los.

Einige der beliebtesten Rezepte sind:

Medaillons mit Tomatenratatouille

Die Medaillons 1 Stunde in einer Mischung aus Öl, 1 geriebenen Zwiebel, braunem Zucker und Senfpulver marinieren. Etwas abtupfen und von jeder Seite 3–4 Minuten grillen.

In einer Pfanne 1 gehackte Zwiebel in Butter glasig dünsten. Dazu kommen die feingehackten Knoblauchzehen, die geriebene Gewürzgurke, gehackte Petersilie, kleine Tomatenwürfel ohne Kerne und Haut sowie Salz und Pfeffer.

Alles kurz aufkochen lassen und heiß über die Medaillons geben.

1 Schweinelende
1/2 Tasse Speiseöl
2 mittelgroße Zwiebeln
1 Eßlöffel brauner Zucker
1 Teelöffel Senfpulver
40 g Butter
2 Knoblauchzehen
2 mittelgroße Gewürzgurken
1 Bund Petersilie
500 g reife, feste Tomaten
Salz, Pfeffer

Medaillons auf Apfel

Die Medaillons werden 1 Stunde in dem Calvados mariniert. Dann einölen und von jeder Seite 3–4 Minuten grillen. Salzen, pfeffern und auf der Unterseite mit Senf bestreichen. Gleichzeitig ausgestochene Apfelscheiben mitgrillen.

Darauf kommen dann die Medaillons.

Schnell noch in einer Kelle Calvados erwärmen, anzünden und brennend über die Medaillons geben.

1 Schweinelende
1/2 Tasse Calvados (zum Marinieren)
Salz, Pfeffer, Senf
3 Äpfel (Boskop o. ä.)
3/4 Tasse Calvados

Medaillons mit Pfefferbutter

Dazu werden die Medaillons von jeder Seite 3–4 Minuten gegrillt.

Darauf kommt eine Scheibe spezieller Butter, die man aus einer Mischung von Salzbutter mit Zitronensaft und ganzen grünen Pfefferkörnern (eingelegten) herstellt. Die Butter wird am besten weich verarbeitet und dann zu einer Rolle geformt, die man in Stanniol eingewickelt im Kühlschrank fest werden läßt.

1 Schweinelende
200 g Salzbutter
1 Eßlöffel Zitronensaft
3 Eßlöffel grüne Pfefferkörner

TIP: Die Medaillons kann man auf dem Grill besser wenden, wenn man 2 Schaschlikspieße längs durch jeweils 3–4 Medaillons steckt.

Bei der Grillzeit muß man aufpassen. Das Fleisch soll gerade durch sein, muß aber saftig bleiben. Die kleinen Medaillons werden leicht trocken, wenn man die Grillzeit zu sehr ausdehnt. Wer unsicher ist, sollte nach 3 Minuten (von jeder Seite) ein Stück durchschneiden, um nachzuschauen.

Kasseler am Spieß

(für 6–8 Personen)

Der Berliner Metzgermeister hat sich mit seiner „Erfindung", Fleisch zu räuchern und dann zu pökeln, unsterblichen Ruhm in der Welt der fleischlichen Genüsse erworben. Schweinerücken auf diese Weise vom Metzger vorbereitet ist auch vom Grill immer ein Meisterstück. Dazu kommt, das es kinderleicht zuzubereiten ist.

Es wird einfach auf den Spieß geschoben, die Klammern werden befestigt, und schon kann es losgehen. Grillzeit je nach Gewicht und Dicke des Stückes 60–85 Minuten.

Hier ist auch wieder ein Fleischthermometer angebracht, mit dem man genau beobachten kann, wie weit es im Inneren ist.

Wenn noch etwas Fett am Braten ist, sollte man dieses mit einem scharfen Messer rautenförmig einschneiden.

In den letzten 20 Minuten streichen wir eine Paste aus braunem Zucker, Senfpulver, weicher Butter, Pfeffer, Paprika und zerstoßenen Nelken auf, so daß sich eine leckere Kruste ergibt.

Viele Feinschmecker wollen bei diesem Fleischstück keinesfalls auf Sauerkraut und Cremekartoffeln verzichten. Man kann beides auch gut in Alüförmchen – nachdem es vorgekocht wurde – am Rande des Grillrostes oder (bei einem senkrechten Glutkasten) oben über der Glut erwärmen.

1–1,5 kg Kasseler ohne Knochen
2 Eßlöffel brauner Zucker
1 Eßlöffel Senfpulver
80 g Butter
Pfeffer
1 Teelöffel Paprikapulver
1/2 Teelöffel Nelken

GEKÜHLT GENIESSEN

Gegrillter Schweinebauch

Der schichtweise Wechsel von Fett und magerem Fleisch ist es, der Schweinebauch so lecker und saftig macht. Allerdings besteht auch die Gefahr, daß das Fett in die Glut tropft und stark rauchend verbrennt. Wer hat, sollte deshalb die Scheiben oder das Fleischstück in einen Klemmrost „einspannen“ und es dann an senkrechter Glut grillen.

Die Fleischscheiben werden mit einer Mischung aus Senf, Sardellenpaste, braunem Zucker, Zitronensaft und Ketchup einmassiert und ein paar Stunden in den Kühlschrank gelegt.

Dann knusprig grillen und zum Schluß noch Majoran darüberstreuen. Weißkraut- oder Sauerkrautsalat sind die passenden

Begleiter dazu. Und Senf darf natürlich auch nicht fehlen.

1 kg Schweinebauch
3 Eßlöffel Senf
1 Teelöffel Sardellenpaste
1 Eßlöffel brauner Zucker
2 Eßlöffel Zitronensaft
3 Eßlöffel Ketchup · Majoran

TIP: Wenn keine Zeit zum Marinieren vorhanden ist, kann man die Paste auch nach der Hälfte der Grillzeit aufstreichen.

Besonders gut schmeckt der Schweinebauch, wenn man ihn sich vom Metzger leicht pökeln läßt.

Schälrippchen

Geradezu ideal zum Grillen sind Schälrippchen, die der Kenner auch gerne als „Spareribs“ bezeichnet.

Der Metzger weiß, was gemeint ist; verlangen Sie aber welche, an denen etwas „dran“ ist. Beim Grillen leitet der Knochen die Hitze direkt in das Fleisch.

Mariniert werden die „Rippen“ einige Stunden in einer Mischung aus Öl, Senf, Zucker, Salz und Pfeffer.

3 kg Schälrippchen

1 Tasse Speiseöl · 2 Eßlöffel Senf

1 Eßlöffel Zucker · Salz, Pfeffer

TIP: In jedem Fall reicht man Ketchup dazu. Aber auch alle anderen Fleischsaucen passen gut.

Gefüllte Schweinelende

Das beste Stück vom Schwein – die Lende – kann man wunderbar füllen. Die Gewürze der Füllung dringen dann von innen heraus in das Fleisch und durchziehen es.

Für die Füllung gibt es viele verschiedene Möglichkeiten. Da geht eine herzhaft abgeschmeckte Frikadellenmasse ebenso wie gemischte Kräuter, wie eine Knoblauchkäsecreme oder wie gewürfelter roher Schinken.

Wir geben hier das Rezept für eine fruchtige Fülle, die aus Apfelstückchen, in Weinbrand eingelegten Rosinen und gehackten Walnüssen besteht.

Die Lende wird längs bis über die Mitte hinaus aufgeschnitten. Dann die Fülle hineingeben, das Fleisch zusammenklappen und mit einem Faden zubinden.

Mit Öl bestreichen und von allen Seiten grillen; insgesamt etwa 25 Minuten.

Dazu passen vorzüglich ein Apfelrotkraut und Kartoffelklöße, über die man in Butter geröstete Semmelbrösel gibt.

Ein Vorschlag, der sich natürlich eher nur zu Hause auf dem Balkon oder in der Nähe des Hauses verwirklichen läßt.

2 Schweinelenden
1 mittelgroßer Apfel (Boskop)
1 Glas Weinbrand (5 cl)
3/4 Tasse Rosinen
4 Eßlöffel Walnüsse
Speiseöl
Salz, Pfeffer

TIP: Will man eine gefüllte Lende beim Picknick zubereiten, nimmt man sie vorbereitet mit und serviert Kartoffelsalat oder Linsensalat dazu.

Schweinekoteletts

Das so populäre Stück vom Schwein sollte bei unseren Grillfesten nicht fehlen. Es wird zwar sonst meist paniert in der Pfanne gebraten und schmeckt so auch wunderbar, doch mit einiger Vorsicht kann man es auch „natur“ auf dem Grill zubereiten.

Dazu wird es am besten zunächst einmal einige Stunden mariniert. Wir legen es in eine Mischung aus Öl, Essig, Worcestersauce, Thymian, zerbrochenen Lorbeerblättern und gehackten Knoblauchzehen. Dann wird es etwas abgetupft und – je nach Dicke – pro Seite 5–8 Minuten gegrillt. Dabei ständig mit der Marinade bestreichen.

Falls die Koteletts einen Fettrand haben, muß man diesen mehrfach bis zum Fleisch einschneiden, da sich das Fleisch sonst krümmt.

Achten Sie darauf, daß die Koteletts einen Knochen haben, der leitet die Hitze schön in das Innere des Fleisches; abgesehen davon, daß er sich später so schön abknabbern läßt.

4 Schweinekoteletts
3/4 Tasse Speiseöl
1 Eßlöffel Essig
1 Eßlöffel Worcestersauce
1 Eßlöffel Thymian
2 Lorbeerblätter
2 Knoblauchzehen

TIP: Zu Schweinekoteletts ist ein deftiger Mayonnaisesalat fast unerläßlich, und ein Zitronenachtel gehört dazu. Sie schmecken auch kalt mit Senf.

Virginiaschinken

Mit diesem amerikanischen Rezept werden Sie garantiert einen vollen Erfolg verbuchen können.

Bestellen Sie beim Metzger einige Tage vorher eine Schweinevorderkeule, die leicht gepökelt und dann etwas geräuchert wurde.

Einige Sorgen bereitet der Knochen. Man kann ihn im Fleisch lassen, was besser aussieht, aber Probleme beim Aufspießen bereitet. Wer es einfacher haben möchte, läßt sich den Knochen vom Metzger herauslösen.

Die Schwarte wird, wie auf dem Bild zu sehen, mehrfach eingeschnitten, und in die Schnittpunkte werden Nelken gesteckt. Nachdem der Spieß möglichst zentral durchgeschoben und die Klammern festgeschraubt wurden, wird der Braten – je nach Dicke – etwa 2–2½ Stunden gegrillt.

Während der letzten halben Stunde bestreicht man ihn mit einer Mischung aus Senfpulver, braunem Zucker und Bourbon Whiskey.

- 1 Schweinevorderkeule
- etwa 30 Gewürznelken
- 3 Eßlöffel Senfpulver
- 5 Eßlöffel brauner Zucker
- 2 cl Bourbon Whiskey

TIP: Originalgetreuer ist es, die Schwarte vor dem „Glasieren“ (mit dem Whiskey-Zucker-Senf) abzuziehen. Dazu passen gegrillte Tomaten, Sauerkraut oder Krautsalat.

T-Bone-Steak

- 4 T-Bone-Steaks (pro Kopf etwa 350 g)
- 1/2 Tasse Speiseöl
- 1 Eßlöffel Senf
- 1 Teelöffel Sardellenpaste
- 1 Teelöffel Zucker
- 1/2 Teelöffel Pfeffer
- 1/4 Teelöffel Glutamat

Immer häufiger sieht man es jetzt auch bei uns in den Metzgerläden oder Fleischtheken der Supermärkte: das T-Bone-Steak. Es ist ein Riesensteak mit einem T-förmigen Knochen in der Mitte, das entsteht, wenn ein Rind auf amerikanische Weise zerlegt wird.

Je nachdem, wie dick das Steak geschnitten ist, wird es für 1 oder 2 Personen ausreichen. Rechnen Sie pro Kopf etwa 350 g mit Knochen – falls Ihre Gäste „normale" Esser sind.

Die Steaks können gleich eingeölt auf den Grill gelegt oder zunächst in einer Marinade aus Öl, Senf, Sardellenpaste, Zucker, Pfeffer und Glutamat 1 Stunde eingelegt werden. Gegrillt werden sie von jeder Seite etwa 3–6 Minuten. Das richtet sich nach der Dicke des Fleisches und danach, ob man es innen rosa oder eher durch haben möchte.

Als Beilage passen in jedem Fall in der Folie mitgegarte Pellkartoffeln mit sahnigem Kräuterquark, Maiskolben oder Kartoffelsalat.

Pfeffermühle und Salzstreuer sollten auf dem Tisch stehen, damit jeder nach seinem Geschmack würzen kann.

Entrecote

Ein wahres Prachtstück, das Beste und Teuerste vom Rind.

Auf dem Grill bereitet, entfaltet es seine ganze Qualität, und man braucht dazu nur ein wenig Sauce béarnaise und ein paar Pommes frites oder eine mit Kräuterquark gefüllte Pellkartoffel, um einen vollendeten klassischen Gaumengenuß zu erleben.

Das Fleisch sollte innen blutig sein, wenigstens rosa. Wer das partout nicht mag, kann sich ja seine Scheiben noch ein wenig nachgrillen – das ist das Schöne beim Grillen.

Das Entrecote von jeder Seite 4 Minuten grillen. Dann salzen und Pfeffer aus der Mühle darübergeben.

- 2 Entrecotes
- Salz
- schwarzer Pfeffer

TIP: Das Fleisch sollte man schräg schneiden, dann läuft weniger Saft aus.

Rinderlende

(für 6–8 Personen)

Ein anderes Luxusstück vom Rind ist die Lende, wenn sie gut präpariert und lange abgehangen wurde.

Wir grillen sie am Stück, nachdem sie einige Stunden mit einer Mischung aus Öl, Pfeffer, Glutamat, geriebener Zitronenschale und Sojasauce im Kühlschrank lag.

Gegrillt wird sie unter Bepinseln mit Öl und der restlichen Marinade insgesamt etwa 25 Minuten. Zum Schluß salzen.

Das dünnere Stück kann man für 10 Minuten mit Stanniol umwickeln, damit es nicht so „durch" wird. Wenn Sie allerdings Gäste haben, die „rosa" – wie wir es unbedingt empfehlen – nicht so mögen, können sie darauf auch verzichten. Die Lende ist auf dieser Seite dann für sie genau richtig.

- 1 Rinderlende
- 1/2 Tasse Öl
- 1 Eßlöffel grob gemahlenen Pfeffer
- 1/2 Teelöffel Glutamat
- 1 naturreine Zitrone
- 2 Eßlöffel Sojasauce
- Öl
- Salz

Rumpsteak

Wer kennt es nicht, das Lieblingsfleischstück von Millionen?

Rumpsteak mit Zwiebeln gibt es überall, selbst in der kleinsten aller Kneipen.

Es läßt sich auch wunderbar auf dem Grill zubereiten. Wer ein wenig abseits von den Alltagspfaden wandeln will, legt es zunächst 1 Tag lang in eine Marinade aus Öl, Rosmarin, grob gemahlenen Pfeffer und feingehackter oder geriebener Zwiebel. Danach die Marinade abtupfen und das Fleisch von beiden Seiten grillen.

Wer es rosa mag, grillt es von jeder Seite 2–3 Minuten, die „Durchesser" lassen es 5–6 Minuten auf dem Rost.

Wer die Zwiebeln „klassisch" mag, brät sie zunächst in der Pfanne glasig und hält sie dann auf dem Grill in einer Alufolie heiß.

4 Rumpsteaks (je 150–200 g)
1/2 Tasse Speiseöl
1 Eßlöffel Rosmarinnadeln
1 Teelöffel Pfeffer
5 mittelgroße Zwiebeln

Tournedos

Das Beste vom Rind ist die Lende, und das Beste von der Lende sind die Tournedos. Es sind die Stücke zwischen Filet Mignon und Chateaubriand. Damit sie in der Form bleiben, werden sie gern mit einem gleich hohen Speckstreifen umbunden (den Speck mit einem Bindfaden festbinden).

Gegrillt werden die Tournedos nur ganz kurz, da das Fleisch so zart ist, daß man es auch roh essen könnte. Dann nach Belieben pfeffern und salzen.

Kenner essen am liebsten Kräuterbutter dazu oder Knoblauch-Frischkäse, der mit Butter cremig gerührt wurde.

Gut schmeckt auch eine Béchamelsauce mit Krabben oder in ausgelassenem Speck gedünstete Zwiebel- und Apfelwürfel.

8 Tournedos
8 Speckscheiben
Pfeffer, Salz

Chateaubriand

Ein Chateaubriand sollte man sicherheitshalber beim Metzger vorbestellen. Solche gesuchten Fleischstücke liegen nicht gerade auf dem Ladentisch und warten auf Gelegenheitskäufer.

Wer die „Anatomie" einer Rinderlende kennt, weiß, daß dieses Teil aus ihrer Mitte stammt, flankiert von den Filetsteaks und den kleineren Tournedos. Es wird also immer von makelloser Qualität sein und sollte – wie auch die ganze Lende – nicht ewig auf dem Grill liegen.

Wer mag, kann das Chateaubriand wie bei Rinderlende angegeben marinieren.

Ebensogut kann man aber auch eine kleine Füllung hineingeben, die das Fleisch von innen heraus würzt. Dazu schneidet man eine kleine Tasche hinein und gibt etwas Knoblauchfrischkäse hinein.

Jetzt von allen Seiten 5 Minuten grillen und dabei mit Öl bepinseln. Das Fleischstück wird in 4–5 Scheiben schräg geschnitten und dann gesalzen.

2 Chateaubriands
50 g Knoblauchfrischkäse
Speiseöl
Salz

TIP: Natürlich sollte man dazu Pfeffer aus der Mühle anbieten.

Dazu paßt ein knackiger gemischter Paprikasalat und eine Pellkartoffel mit Kräuterquark oder Kräuterbutter.

Roastbeef-Rollbraten

(für 6–8 Personen)

Solch ein Bratenstück bestellt man am besten beim Metzger, denn es sollte schon fachmännisch „verschnürt" sein. Mit geschickten Griffen wird der Meister es in jene Form zwängen, die zum Grillen richtig ist.

Dann wird der Spieß möglichst genau in der Mitte durchgesteckt, und die Klammern werden festgezogen.

Gegrillt wird der Braten je nach Gewicht 35–45 Minuten.

Hier empfiehlt sich ein spezielles Bratenthermometer ganz besonders, denn Roastbeef soll ja wirklich noch innen rosa sein. Das heißt, es darf im Kern nicht über 65 Grad heiß werden.

Unser Rollbraten wird auch wieder fleißig mit Öl bestrichen, zum Schluß auch mit Salzwasser.

Ein paar Rosmarinnadeln geben die Würze.

1 Roastbeef-Rollbraten
Speiseöl
Salz
Rosmarin

TIP: Man kann den Metzger bitten, den Rollbraten innen mit Pfeffer, Glutamat, Senf und Salz zu würzen.

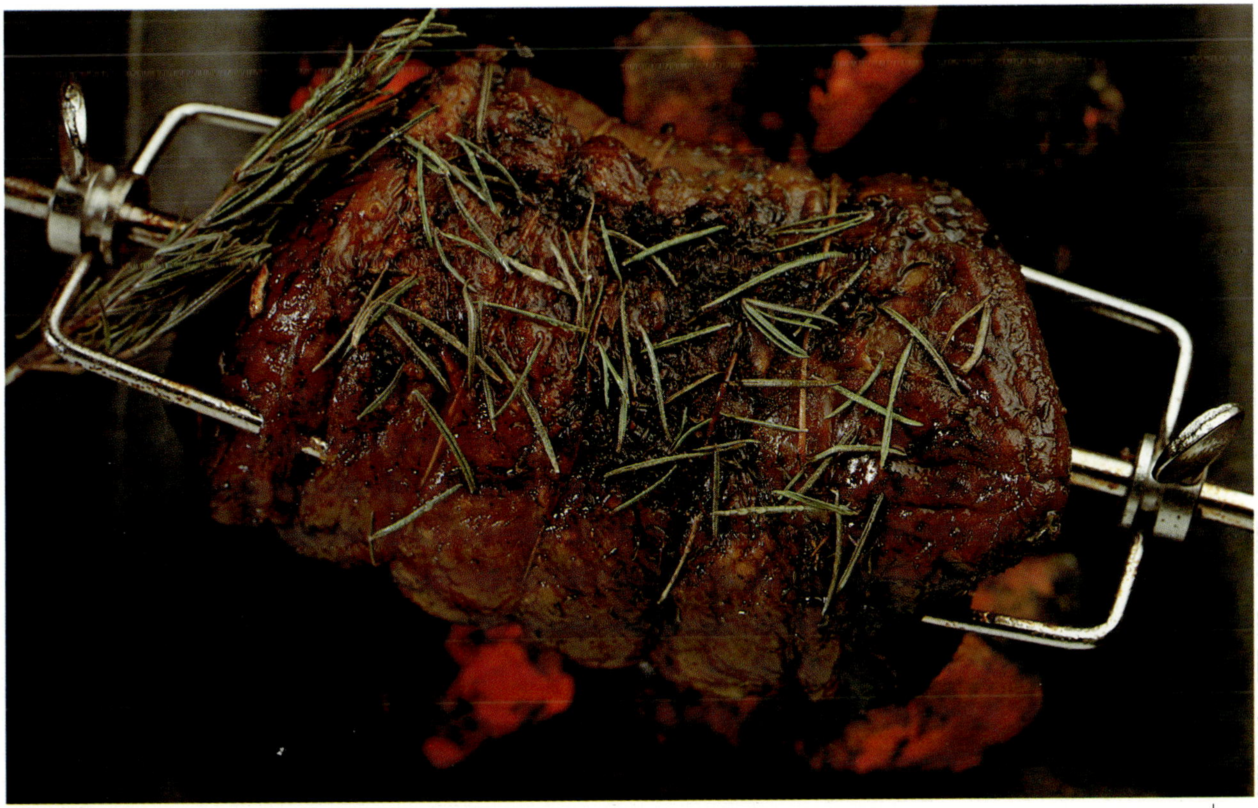

Porterhousesteak

Ein geradezu gigantisches Stück Fleisch ist das Porterhousesteak. Übersetzt könnte man auch Ochsenkotelett dazu sagen.

Bei der üblichen 6-cm-Dicke wiegt es mit dem unerläßlichen Knochen – der die Hitze ins Fleischesinnere leitet – bis zu 900 g.

Im Grunde ist es wie das T-Bone-Steak „konstruiert", es ist ja auch der Nachbar dieses beliebten Fleischstücks.

Das Steak wird zunächst ein paar Stunden in Öl, Senf, Sardellenpaste, zerdrückten Pfefferkörnern und Glutamat mariniert.

Die Marinade dann abstreifen und das Fleisch von jeder Seite 12–16 Minuten grillen – je nachdem, wie „durch" Sie es haben wollen.

Dabei mit Öl bestreichen und die letzten Minuten mit der Marinade.

Da mehrere Personen von solch einem Steak essen werden, wird es vom Knochen getrennt und in schräge Scheiben geschnitten. Dann noch salzen und die Pfeffermühle herumreichen.

Dazu passen Idaho-Kartoffeln mit Kräuterquarkfüllung.

2 Porterhousesteaks
1/2 Tasse Speiseöl
1 Eßlöffel Senf
1/2 Teelöffel Sardellenpaste
1 Eßlöffel grüner Pfeffer
1/4 Teelöffel Glutamat
Öl, Salz, Pfeffer

TIP: Ganz amerikanisch wird es, wenn noch ein paar Maiskolben mitgegrillt werden, auch einige kurz gegrillte Tomaten mit Salbei oder Rosmarin passen sehr gut.

Kluftsteak

Es muß ja nicht immer Filetsteak sein. Wenn es gut abgelagert ist und nicht zu dünn geschnitten, eignet sich auch das Kluftsteak – in Norddeutschland Beefsteak genannt – gut zum Grillen.

Manche Metzger drehen es auch durch den Steaker, der die Fleischfasern mit vielen kleinen Messern zerschneidet.

Doch zum Grillen sollte man dies nicht machen, da das Fleisch zwar mürber, aber in der Hitze auch trockener wird.

Das Fleisch wird einige Stunden in einer Mischung aus Öl, Worcestersauce, Zitronensaft, Cayennepfeffer, Knoblauchpulver und frisch gemahlenem Pfeffer eingelegt.

Dann etwas abtupfen und von beiden Seiten 8 Minuten grillen und salzen.

Wer die „einfachen“ Kluftsteaks noch ein wenig aufpäppeln möchte, kann sie mit Weinbrand oder Calvados – der in einer Kelle erwärmt wird – flambieren.

4 Kluftsteaks (je 200 g)
1/2 Tasse Speiseöl
1 Eßlöffel Worcestersauce
1 Teelöffel Zitronensaft
1 Prise Cayennepfeffer
1/4 Teelöffel Knoblauchpulver
Pfeffer, Salz

TIP: Kräuterbutter ist die klassische „Sauce“ für ein solches Steak, und dann darf natürlich ein knackiger grüner Salat oder ein weißer Bohnensalat nicht fehlen.

Kalbshaxe

2 Kalbshaxen
3 Eßlöffel Senf
1/2 Teelöffel Glutamat
1 Eßlöffel Majoran
Salz, Pfeffer
Öl

Eine Kalbshaxe wiegt nicht selten über 1 Kilogramm, wenn man den Knochen abrechnet, ist noch genügend Fleisch für 2–3 Personen, je nach Appetit.

Auch hier ist der Knochen das eigentliche Problem beim Grillen. Lassen Sie ihn am besten vom Metzger „herausoperieren".

Dann kann er gleich das Fleisch von innen mit Senf, Glutamat, Majoran, Salz und Pfeffer würzen und die Haxe wieder in eine manierliche Form binden.

Sie stecken nur den Spieß durch und grillen gut 1 Stunde. Das Bepinseln mit Öl aber nicht vergessen!

Dann salzen und mit Krautsalat servieren.

Kalbsrollbraten

Auch diesen Rollbraten sollte man beim Metzger bestellen. Bestehen Sie aber auf einer Würzung mit grob geschrotetem Pfeffer, Knoblauchpulver, Paprikapulver, Cayennepfeffer und Salz.

Besser, Sie bringen dem Metzger gleich Ihre Gewürzmischung fertig mit. Er soll nur noch 1 gehackte Zwiebel und 2–3 zerdrückte Knoblauchzehen dazugeben.

Nachdem der Spieß durchgesteckt ist und die Klammern angezogen sind, wird der Rollbraten 65–75 Minuten gegrillt. Dabei mit Öl bepinseln und zum Schluß mit Bier oder Salzwasser.

1 Kalbsrollbraten
1 Eßlöffel schwarzer Pfeffer
1 Teelöffel Knoblauchpulver
1 Eßlöffel Paprikapulver
1 Prise Cayennepfeffer
1 Teelöffel Salz
1 große Zwiebel
Speiseöl
Bier

TIP: Zehn Minuten vor Ende der Grillzeit kann man noch eine Mischung aus weicher Butter, Semmelbrösel, grob gemahlenem Pfeffer, Paprikapulver und braunem Zucker aufstreichen. Das gibt eine besonders leckere Kruste.

Kalbsröllchen

Das Fleisch für dieses Gericht muß speziell geschnitten werden. Verlangen Sie kleine Kalbsschnitzel, die aber nur höchstens halb so dick sind wie übliche Schnitzel. Das Fleisch wird dann geklopft und mit Bratwurstfülle – gibt es fertig beim Metzger – bestrichen.

Dann kommt noch 1/4 längsgeschnittene Gewürzgurke dazu, und das Fleisch wird zusammengerollt.

Einölen und von allen Seiten insgesamt 12 Minuten grillen. Dann salzen und pfeffern.

8 extra dünne Kalbsschnitzel
300 g Bratwurstfülle
2 mittelgroße Gewürzgurken
Speiseöl
Salz, Pfeffer

Cordon bleu

Der Kalbfleischklassiker schlechthin, er fehlt auf keiner bürgerlichen Restaurantkarte, läßt sich aber auch gut im Garten auf dem Grill zubereiten.

Das Fleisch wird seitlich eingeschnitten. In den Schlitz kommen je 1/2 Scheibe gekochter Schinken und Käse, die vorher mit gehackter Petersilie bestreut wurden.

Den Schlitz nun mit einem Zahnstocher zustecken und von jeder Seite 8 Minuten eingeölt grillen. Dann salzen und pfeffern.

4 Kalbsschnitzel
2 Scheiben gekochter Schinken
2 Scheiben Gouda
2 Eßlöffel Petersilie
Speiseöl
Salz, Pfeffer

Kalbsschnitzel

Ein echtes Schnitzel besteht aus Kalbfleisch, und es ist paniert und recht dünn.

Wir machen das auf dem Grill ein wenig anders.

Die nicht zu dünnen Schnitzel werden zunächst mit Öl, Zitronensaft, Sojasauce, Tabasco und Armagnac mariniert.

Nach einigen Stunden die Marinade abstreifen und die Schnitzel von jeder Seite höchstens 6 Minuten grillen, da sie sonst trocken werden.

Zum Schluß kann man noch die Würzmarinade aufpinseln und Semmelbrösel darüberstreuen, die etwas angedrückt werden.

Dann erst wird gesalzen.

4 Kalbsschnitzel
1/2 Tasse Speiseöl
Saft von 1 Zitrone
2 Eßlöffel Sojasauce
1 Spritzer Tabasco
2 cl Armagnac
4 Eßlöffel Semmelbrösel
Salz

Hammelkeule

Für 6–8 Personen reicht eine solche Keule, und schön mit Knoblauch gespickt kann sie zu den Höhepunkten einer Grillsaison gehören.

Man kann die Keule ausbeinen lassen, dann sieht sie nicht so urig aus, läßt sich aber leicht auf den Spieß praktizieren.

Der Grillspezialist läßt den Knochen drin (er leitet auch die Hitze gut ins Innere) und plagt sich halt ein wenig damit, den Spieß zentral durchzubekommen oder er nimmt einen Korb.

Die Keule wird an verschiedenen Stellen mit einem scharfen Messer eingeschnitten, und in die Schnitte kommen Knoblauchscheiben – am besten unter die Haut schieben.

Während des Grillens mit Öl bepinseln.

Richtig – also innen noch rosa – ist sie, wenn das eingesteckte Grillthermometer 80 Grad anzeigt. Dann salzen und pfeffern.

Sehr gut paßt ein weißer Bohnensalat dazu.

1 Hammelkeule
5 Knoblauchzehen
Speiseöl · Salz, Pfeffer

Lammkoteletts

Höchsten Fleischgenuß versprechen in jedem Fall zarte Lammkoteletts – besonders, wenn sie so grillgerecht zugeschnitten wurden wie auf unserem Bild (rechts).

Der Metzger hat hier noch ein langes Stück der Rippen darangelassen, so daß man die Koteletts aus der Hand essen kann.

Die Koteletts werden natürlich beim Grillen mit Öl bepinselt.

Knoblauch ist ja bekanntlich Würze Nr. 1 für Lamm. Wir geben am besten die in Salz mit einem Löffelrücken zerdrückten – vorher gehackten – Knoblauchzehen zum Schluß in das Öl.

Natürlich kann man die Lammkoteletts auch am Stück grillen. Es ist dann ein Lammrücken (Bild unten). Dabei läßt man das Fleisch aber etwas zum Rückgrat einschneiden und streicht eine Mischung aus Salz und Knoblauch hinein. Auch Rosmarin und Salbei sind als Würze gut geeignet.

- Lammkoteletts (pro Kopf 2–4 Stück)
- 1/2 Tasse Speiseöl
- 4–6 Knoblauchzehen

TIP: Eine schöne Überraschung für alle Grillgäste ist es, wenn die Lammkoteletts gefüllt werden.

Dazu macht man einfach seitlich einen Schlitz und versteckt darin z. B. etwas Knoblauchfrischkäse, frisch gehackte Kräuter (speziell Rosmarin, Schnittlauch, Petersilie), ein paar Schinkenwürfel oder auch eine Paste aus Tomatenmark, geriebener Zwiebel, Senf und Paprikapulver.

Damit die Füllungen nicht herauslaufen, kann man den Schlitz mit einem Zahnstocher zustecken.

Hähnchen am Spieß

- 2 Hähnchen
- 350 g Rinderhackfleisch
- 150 g Geflügelleber
- 80 g Rauchspeck
- 1 mittelgroße Zwiebel
- 1 Ei
- 4 Eßlöffel Semmelbrösel
- 2 cl Cognac
- 1/4 Teelöffel Glutamat
- 1 Bund Petersilie
- 1 Teelöffel Sardellenpaste
- 1 Eßlöffel Senf
- 1 Prise Cayennepfeffer
- 1 Eßlöffel grüner Pfeffer
- Salz
- Speiseöl, Butter

Kein Gericht ist in den letzten drei Jahrzehnten in Deutschland zu höherem Ruhm gelangt als das gegrillte Hähnchen. Eine ganze Industrie füttert es für uns heran, und wir bekommen es an jeder Ecke. Dazu gibt es meist Pommes frites und wenn es hoch kommt einen Salat.

So einfach wollen wir es uns aber nicht machen.

Unser Hähnchen soll mit einer leckeren Fülle versehen werden, die nicht nur das Fleisch von innen heraus würzt, sondern für sich schon ein Genuß ist.

Fleisch, Leber, Rauchspeck und Zwiebel werden durch die feine Scheibe des Fleischwolfs gedreht. Dazu kommen das Ei, die Semmelbrösel, der Cognac, das Glutamat, die gehackte Petersilie, Sardellenpaste, der Senf, Cayennepfeffer, grüner Pfeffer und Salz.

Alles gut durchkneten und in die Hähnchen stopfen, die dann zugenäht oder mit Zahnstochern zugesteckt werden.

Nun den Spieß durchstechen und die Klammern so anbringen, daß sie das Fleisch nicht zu sehr beschädigen.

Ohne Fülle grillen wir die Hähnchen 1 Stunde, mit Fülle 80 Minuten. Dabei fleißig mit Öl und später mit Butter – am besten mit Salzbutter – bestreichen.

TIP: Von der Fülle macht man am besten gleich etwas mehr. Daraus geformte Frikadellen sind dann in wenigen Minuten gegrillt und stillen den ersten Hunger der eintreffenden Gäste – und sie lassen erahnen, was da Schönes auf sie zukommt.

Puterschnitzel

Putenfleisch gibt es heute zum Glück schon überall in Portionen, z. B. auch als Schnitzel. Es ist ein sehr fettarmes, sehnenfreies Fleisch, das auch in der Diätküche eine große Rolle spielt. Da dieses Fleisch außerdem keinen großen Eigengeschmack hat, kann man hier besonders gut mit Marinaden würzen.

Für einige Stunden legen wir die Schnitzel in eine Öl-Zitronensaft-Kräuter-Marinade, grillen dann je Seite 4 Minuten, salzen und pfeffern.

4 Puterschnitzel
1/2 Tasse Speiseöl
Saft von 1 Zitrone
Kräuter (Thymian, Rosmarin u. ä.)
Pfeffer, Salz

▼

Putenschenkel

Die einfache Art, diese riesigen Keulen zu grillen, ist die „Naturmethode“ – man grillt sie einfach gut eingeölt so auf dem Grill und reicht später eine pikante Sauce dazu.

Wenn man sie in Folie einschlägt, bleibt die Keule eine Spur saftiger, bekommt aber nicht die schöne knusprige Haut.

Bei dieser Art würzen wir gleich, indem Knoblauch, Thymianzweige, Salz und Pfeffer dazukommen. Vor dem Einschlagen kommt obendrauf noch ein Stück Butter.

Grillzeit: 35 Minuten

2 Putenschenkel
3–4 Knoblauchzehen
1 Zweig Thymian
Salz, Pfeffer
30 g Butter

▶

Gefüllte Hähnchenschenkel

Zunächst wird der aus dem Schenkel herausragende Fußknochen mit der Geflügelschere abgeschnitten. Dann mit einem sehr scharfen spitzen Messer die Knochen herauslösen. Das Fleisch kann dabei ruhig etwas zerschnitten werden. Wichtig ist nur, daß die äußere Haut nicht beschädigt wird.

Nach diesem schwierigen Akt den Schenkel dort zubinden, wo der Fußknochen ursprünglich herausragte, und auch die Haut bis auf eine kleine Öffnung zusammennähen.

In die entstandene Tasche wird eine Frikadellenmasse oder die Fasanenfüllung (siehe Seite 92) mit einer Tortenspritze (größte Tülle) hineingespritzt. Aber nicht zuviel, weil sich die Masse beim Grillen ausdehnt und die Schenkel platzen könnten.

Dann auch diese Öffnung zunähen und die Schenkel von beiden Seiten goldbraun grillen. 20–25 Minuten sollte man dafür ansetzen und fleißig – wie immer – mit Öl und später mit Salzbutter bepinseln.

Einfacher ist es, die Knochen nicht zu entfernen und die Schenkel so zu grillen oder etwas Käse und ein paar Kräuter hineinzugeben. Dazu passen knusprige Bratkartoffeln.

4–8 Hähnchenschenkel
300 g Frikadellenmasse oder ähnliches
Speiseöl, Salzbutter

1

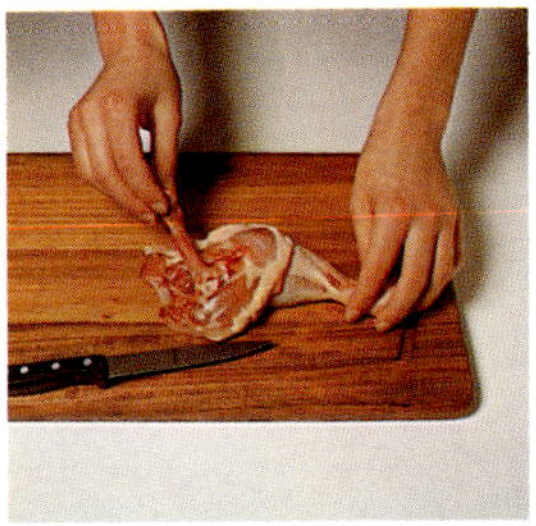

2

3

4

TIP: Bei einer Käsefüllung muß man die Tasche besonders gut zunähen, da der Käse schnell schmilzt und in die Glut laufen würde. Ein solches Gericht ist auch generell eher für den Elektrogrill mit Auffangschale geeignet.

Zunächst wird der Hauptknochen des Hühnerschenkels herausgelöst. Es folgen die Knorpel und kleineren Knochen. Die Haut dann so zunähen, daß eine Tasche entsteht, die man am besten mit einer Tortenspritze nicht zu stramm füllt. Zum Schluß noch die Öffnung zunähen.

Ente am Spieß

Die ausgenommene, gewaschene und trockengetupfte Ente wird innen mit Salz und Pfeffer eingerieben.

Dann ein paar Salbeiblättchen hineingeben und die Ente auf dem Spieß befestigen.

Die Grillzeit beträgt 40–60 Minuten, je nachdem, wie alt und groß das Federvieh ist.

Während des Grillens wird die Haut immer wieder mit weicher Butter bepinselt, und 10 Minuten vor Schluß mit Salzwasser.

Inzwischen bräunen wir in einer Pfanne den Zucker in der Butter, geben den aufgefangenen Bratensaft dazu und löschen mit Orangensaft ab. Dann aufkochen, bis der Zucker völlig aufgelöst ist.

Die Orangen werden hauchdünn mit einem sehr scharfen Messer geschält und die Schalen in feinste Streifen geschnitten. Die Streifen ein paar Minuten in der Sauce kochen. Evtl. mit Stärkemehl dicken.

Gewürzt wird mit Grand Marnier, Essig, Pfeffer und Salz.

1 Ente (für 2–3 Personen)
Salz
Pfeffer
frischer Salbei
200 g Butter (80 g für die Sauce)
3 Eßlöffel Zucker
2 Orangen (Saft und Schale)
6 cl Grand Marnier
1 Eßlöffel Weinessig

TIP: Empfehlenswert sind Orangenstücke oder einfach Orangenscheiben, die man vorher mit Grand Marnier marinieren kann. Kartoffelkroketten sind zwar auch beliebt dazu, aber servieren Sie ruhig knackiges Stangenweißbrot oder in Folie mitgegrillte Pellkartoffeln.

Wachteln

Das zarteste und kleinste Wildgeflügel überhaupt, welches wir kaufen können, sind Wachteln. Heute wird dieser Vogel freilich ausschließlich aus Zuchten angeboten, denn im Wald und auf der Heide findet man ihn nur noch selten.

Da er so zart ist, sollte man ihn, nachdem er innen und außen leicht gesalzen und mit Pfeffer bestreut wurde, mit dünnen Speckscheiben umwickeln, die man mit Fäden festbindet. Zum Ende der Grillzeit kann man diesen Speck dann abnehmen, damit die Haut auch ein wenig knusprig wird.

Schön saftig bleiben Wachteln, wenn man sie füllt.

Dazu mischen wir das Tatar mit durchgedrehter Leber, ausgelassenen Speckwürfeln, zerdrückten Wacholderbeeren, Semmelbröseln, dem Eigelb, Pfeffer und Salz.

Grillzeit 20 Minuten, mit Fülle 25 Minuten (5 Minuten ohne Speckmantel).

8 Wachteln
8 große dünne Speckscheiben
200 g Tatar
100 g Geflügelleber
100 g Rauchspeck
10 Wacholderbeeren
1 Eßlöffel Semmelbrösel
1 Eigelb
Pfeffer, Salz

Rebhühner

Wenn es frische Rebhühner gibt, ist unsere Grillzeit fast zu Ende. Die Jagdzeit für diese Wildvögel reicht nur von September bis November. Doch wie oft gibt es noch schöne Tage im September, und wenn man dann Rebhühner beim Wildhändler entdeckt, sollte man sofort eine interessierte Gesellschaft zusammentrommeln und ein kleines Fest zum Abschluß des Sommers veranstalten.

Da Rebhühner eine recht zarte Haut haben, sollte man sie für die ersten zwei Drittel der Grillzeit mit einem Speckmantel schützen. Bevor man diesen mit einem Faden festbindet und die Rebhühner auf den Spieß steckt, werden sie innen und außen gesalzen und gepfeffert.

Man sollte auch ein paar Zweige Thymian hineingeben und einige Rosmarinnadeln.

Grillzeit: 30 Minuten

4 Rebhühner
8 große dünne Speckscheiben
Salz, Pfeffer
4 Zweige Thymian
Rosmarin

TIP: Wer lieber gefüllte Rebhühner mag, kann das Rezept für die Wachtelfüllung verwenden.

Fasan

Der Fasan wird auf den Spieß gesteckt und unter Bepinseln zuerst mit Öl und die letzte Viertelstunde mit Salzbutter gegrillt. Die Grillzeit beträgt, je nach Alter und Größe des Fasans, 25–45 Minuten, und wenn er gefüllt wird, gibt man noch etwa ein Viertelstündchen dazu.

Eine Fülle hat Vor- und Nachteile, das wollen wir ganz klar aussprechen.

Der Vorteil: Das Tier wird von innen heraus wundervoll von Gewürzen und Säften durchzogen.

Der Nachteil: Durch die längere Grillzeit kann das Geflügel leicht trocken und zäh werden.

Für die Fülle mischen wir das Hackfleisch mit dem Ei, den grob gehackten Pistazien, Semmelbröseln, Cognac, Glutamat, Senf, Sardellenpaste, Cayennepfeffer, gehackter Petersilie, Pfeffer und Salz.

Die Fülle in das Geflügel drücken und dieses zunähen oder mit einem Zahnstocher zustecken.

Dazu paßt Sauerkraut, das mit Ananas und Sekt verfeinert wurde.

- 2 Fasane
- Speiseöl
- Salzbutter
- Fülle:
- 300 g Rinderhackfleisch
- 1 Ei
- 50 g Pistazien
- 4 Eßlöffel Semmelbrösel
- 4 Eßlöffel Cognac
- 1/2 Teelöffel Glutamat
- 1 Teelöffel Senf
- 1 Teelöffel Sardellenpaste
- 1 Prise Cayennepfeffer
- 1 Bund Petersilie
- Pfeffer, Salz

TIP: Sehr junge Fasane sollte man während der ersten Hälfte der Grillzeit an der Brust mit dünnen Speckscheiben umwickelt grillen.

Den Speck kann man dann, in kleine Stücke geschnitten, in das Sauerkraut geben.

Die Fülle kann beliebig abgewandelt werden; besonders gut wird sie, wenn man kleine angebratene Geflügelleberstücke oder durchgedrehte Leber in die Masse gibt.

Perlhuhn

Ein Huhn ist ein Huhn, aber ein Perlhuhn ist zweifelsohne die Steigerungsform des bei uns so sehr verbreiteten Geflügels. In Südfrankreich schätzt es jeder, auch in Ungarn und Jugoslawien.

Immer häufiger sieht man Perlhühner küchenfertig vorbereitet jetzt auch bei uns in den Delikatessenläden. Sie sind dunkler im Fleisch und haben viel mehr Brust aufzuweisen. Wenn Sie also Perlhühner – frisch oder tiefgefroren – irgendwo entdecken, sollten Sie zugreifen und diesen Leckerbissen auf dem Grill zubereiten.

Daß man das Perlhuhn auch ungefüllt grillen kann, liegt auf der Hand. Dazu wird es nur gepfeffert und gesalzen und unter Bepinseln mit Öl etwa 40 Minuten am Spieß gegrillt.

Wir schlagen eine Füllung vor, die folgendermaßen gemacht wird:

Das Fleisch wird mit dem Speck und der Zwiebel durch die feine Scheibe des Fleischwolfs gedreht. Dazu kommen die feingehackten Champignons und die ebenfalls in kleine Würfel geschnittene Geflügelleber.

Die Masse nun mit Muskat, Cayennepfeffer, zerdrückten grünen Pfefferbeeren, Glutamat, Knoblauchfrischkäse, Armagnac, Worcestersauce, Senf und Salz würzen und mit dem Ei und den Semmelbröseln gut verkneten.

Dann das Perlhuhn damit füllen und die Öffnung zunähen. Auf den Spieß stecken und 1 Stunde grillen. Die Haut dabei immer wieder mit Öl und während der letzten 10 Minuten mit Salzbutter bestreichen.

Besonders lecker wird es, wenn man es nach dem Teilen noch mit der Fülle nach unten ein paar Minuten nachgrillt.

1 Perlhuhn
100 g Kalbfleisch
100 g Rindfleisch
100 g Rauchspeck
1 mittelgroße Zwiebel
150 g frische Champignons
100 g Geflügelleber
1/4 Teelöffel Muskat
1 Prise Cayennepfeffer
1 Teelöffel grüner Pfeffer
1 Prise Glutamat
2 Eßlöffel Knoblauchfrischkäse
2 Eßlöffel Armagnac
1 Teelöffel Worcestersauce
1 Eßlöffel Senf
Salz
1 Ei
Semmelbrösel
Öl
Salzbutter

Die Fülle wird vorsichtig eingefüllt, jedoch nicht zu stramm, da sie sich während des Grillens noch etwas ausdehnt.

Gut ist es, die empfindliche Haut des Perlhuhns während der ersten halben Stunde mit einem Speckmantel zu schützen.

Wildente

Ab August erhält man Wildenten frisch, meist wird man sich aber mit einer aufgetauten zufrieden geben müssen.

Trotzdem, auch diese wird ein kulinarisches Erlebnis, wenn man sie liebevoll füllt und schön knusprig grillt.

Zur Füllung drehen wir Putenschnitzel, Geflügelleber und Rauchspeck durch die feine Scheibe des Fleischwolfs. Dazu kommen in Butter glasig gedünstete Zwiebelwürfel, geriebene Muskatnuß, Koriander, Cayennepfeffer, zerstoßene Wacholderbeeren, Calvados, das Ei, Semmelbrösel, Salz und Pfeffer. Gut durchkneten, einfüllen und die Ente zunähen.

Den Spieß durchstecken, die Klammern vorsichtig befestigen und 1¼ Stunde grillen.

Dabei mit Öl bestreichen und später mit Salzbutter.

1 Wildente (für 3 Personen)
200 g Putenschnitzel
100 g Geflügelleber
80 g Rauchspeck
40 g Butter
2 mittelgroße Zwiebeln
1/4 Teelöffel Muskat
1 Prise Kardamom
1/4 Teelöffel Korianderpulver
1 Prise Cayennepfeffer
5 Wacholderbeeren
2 cl Calvados
1 Ei · 3 Eßlöffel Semmelbrösel
Salz, Pfeffer
Speiseöl, Salzbutter

Hasenrücken

Hasenrücken bekommt man heute tiefgekühlt schon überall. Frisch gibt es ihn erst ab Mitte Oktober, und dann wird man kaum noch grillen.

Wenn wir einen ganzen Rücken haben, sollte man die beiden Fleischseiten neben dem Rückgrat erst auslösen. Der ganze Rücken läßt sich zwar auch grillen, aber er dreht sich natürlich auf Grund seiner Form nur sehr unregelmäßig auf dem Spieß. Besser ist es, wenn man einen Grillkorb nimmt. Wenn Sie es so versuchen wollen, brauchen Sie ihn nicht mit dünnen Speckscheiben zu umwickeln, was man bei den Filets aber tun sollte, damit das Fleisch nicht zu sehr austrocknet.

Bevor das Fleisch gegrillt wird, legen wir es noch für 1 Tag in eine Marinade aus Öl, zerstoßenen Wacholderbeeren, Senf, Worcestersauce, Pfeffer und Wacholderschnaps. Dann abtupfen und grillen.

25 Minuten sind ausreichend, mit Rückgrat gibt man noch 15 Minuten zu. Hin und wieder mit der Marinade bestreichen.

1 Hasenrücken (oder zwei Filets)
150 g dünne Speckscheiben
1/2 Tasse Öl
1 Eßlöffel Wacholderbeeren
1 Eßlöffel Senf
1 Teelöffel Worcestersauce
1/2 Teelöffel grob gemahlener Pfeffer
3 cl Wacholderschnaps

Hirschsteak

Wenn Sie mit Ihrer Grillparty bis August warten, können Sie sogar frisches Hirschsteak grillen, denn dann ist die Schonzeit zu Ende.

Die Steaks werden in einer Mischung aus Öl, zerdrückten Wacholderbeeren, Senf, Glutamat, Paprika und feingehackter Zwiebel für einige Stunden, besser 1 Tag, mariniert – im Kühlschrank, versteht sich.

Die Marinade dann abstreifen, die Steaks einölen und von jeder Seite 6–8 Minuten – je nach Dicke und Qualität des Fleisches – grillen.

Zum Schluß kann man auch die Marinade aufstreichen und einige Rosmarinnadeln darüberstreuen.

Dazu paßt gut ein Rotkrautsalat, zu dem gehobeltes Rotkraut 5 Minuten gekocht, kalt abgeschreckt, abgetropft und mit einer feinen Sauce abgeschmeckt wird.

Hierfür läßt man feine Speckwürfel aus, löscht mit Essig ab und gibt Pfeffer und Salz dazu. Ein paar Scheibchen eines sauren Apfels geben den letzten Pfiff.

4 Hirschsteaks
1/2 Tasse Speiseöl
2 Eßlöffel Wacholderbeeren
1 Eßlöffel Senf
1/4 Teelöffel Glutamat
1/2 Teelöffel Paprikapulver
1 mittelgroße Zwiebel
Öl
600 g Rotkraut
150 g Rauchspeck
3 Eßlöffel Essig · Pfeffer, Salz
1 Apfel (Boskop o. ä.)

Steckerlfisch

Wer jemals über das berühmte Münchner Oktoberfest pilgerte, wird sie bald gerochen und dann gesehen haben: die Steckerlfische, die dort und auf anderen bayerischen Volksfesten überall angeboten werden.

Es ist sicherlich die erste Grillmethode der Menschheit überhaupt: Man nehme einen Stock, stecke einen Fisch darauf und lasse ihn in der Nähe des Feuers langsam garen. Wenn er dann noch von „Hand-in-Mund" gegessen wird, sind wir wirklich bei den alten Germanen – warum auch nicht?

Geeignet sind alle frischen Fische aus Bach, See oder Meer. Sie sollten aber nicht zu groß oder zu klein sein.

Nach dem Ausnehmen, eventuellem Schuppen, Waschen und Trockentupfen werden die Fische mit reichlich Zitronensaft – vor allem auch innen – für ein, zwei Viertelstunden mariniert.

Dann salzen und pfeffern; ein Kräuterzweiglein in den hohlen Bauch geschoben kann auch nicht schaden.

Die Steckerl schneidet man sich am besten selbst passend zurecht und schiebt sie durch das Maul in den Fisch. Den Bauch muß man eventuell mit einem Zahnstocher zustecken.

So vorbereitete Fische kann man in Sand gesteckt in der Nähe eines offenen Feuers garen oder direkt über Holzkohlenglut. Ein paar Steine halten sie zusammen, und so braucht man nicht einmal ein Grillgerät für dieses urige Vergnügen.

Mittelgroße Fische jeder Art
4 Zitronen
Salz, Pfeffer
Kräuterzweige (Salbei, Petersilie, Estragon, Dill, Thymian u. ä.)

Lachskotelett

Die Bezeichnung „Kotelett“ klingt ja wirklich ein wenig zu wuchtig für unser zartes feines Fischstück vom Lachs. Doch stören wir uns nicht daran, gehen wir zum Fischhändler und besorgen etwa 3–4 cm dicke Scheiben dieses zartesten, aber auch teuersten aller Fische.

Beim Grillen muß man sehr vorsichtig sein, die Glut etwas dämmen und die Scheiben nicht zu lange grillen. Gut ist es auch, sie nur einmal zu drehen.

Der Fisch sollte nicht trocken sein. Er ist richtig, wenn das Fleisch innen rosa und feucht glänzt und sich schuppenförmig voneinander löst.

Die Lachsscheiben werden 1/2 Stunde mit dem Zitronensaft und Speiseöl mariniert. Danach von jeder Seite 2 Minuten grillen.

Dazu kann man ein Sauce béarnaise reichen und trockenen Langkornreis, den man vorkocht und in einer Stanniolfolie am Rand des Grillgerätes heiß hält.

4 Lachskoteletts (je 200 g)
Saft von 1 Zitrone
1/4 Tasse Speiseöl
Pfeffer, Salz

Forellen mit Kräuterfüllung

Die Forelle hat sich fast zum Fisch Nummer 1 der deutschen Feinschmecker gemausert.

Sie ist immer und überall lebend frisch zu bekommen, weil sie leicht in klarem Wasser aufzuziehen ist, und sie schmeckt ja auch in ihren vielen Zubereitungsarten immer gut.

Natürlich ist dieser Fisch auch zum Grillen gut geeignet, doch sollte die Hitze nicht zu stark sein. Wenn man ihn – wie auf unserem Bild – in Stanniolfolie einschlägt, kann allerdings nicht viel passieren. Wer das feine, durch die Holzkohle entstehende Raucharoma mag, sollte ihn aber „nackt" auf den Rost legen oder in einen Fischgrillrost einspannen.

Die ausgenommenen Forellen werden innen gesalzen und gepfeffert. Dann legt man einige Kräuterzweiglein, z. B. Petersilie, Estragon, Kerbel oder Rosmarin, hinein und grillt die Fische von jeder Seite 3–4 Minuten (in Folie 5–6 Minuten). Ohne Folie wird er dabei mit Öl bestrichen.

Beim Garen in der Folie gibt man vorher noch ein paar Butterflöckchen auf den Fisch. Gut paßt dazu Kräuterbutter und ein gemischter Salat.

Forellen (pro Kopf 1–2 Stück)
Kräuter nach Angebot
Salz, Pfeffer
Speiseöl

TIP: Der Fisch ist gar, wenn man die Rückenflosse leicht herausziehen kann. Der Grillrost sollte mit einer Speckschwarte eingerieben werden, damit die Haut nicht hängenbleibt.

Karpfen

Gegrillter Karpfen ist eine Köstlichkeit.

Nach dem Ausnehmen wird er geschuppt, gewaschen und trockengetupft. Dann mit Zitronensaft für ein, zwei Stunden marinieren.

In den Bauch geben wir nach dem Salzen und Pfeffern noch ein paar Zweige Pfefferminze.

Dann wird der Fisch in den Grill geklemmt und insgesamt je nach Dicke 20–25 Minuten gegrillt.

Gut einölen und zum Schluß weiche Butter darüberstreichen.

1 Karpfen
1 Zitrone
Salz, Pfeffer
einige Zweige Pfefferminze
Speiseöl, Salzbutter

▼

Seezunge

Seezunge ist teuer, aber sehr gut – auch zum Grillen.

Wir beträufeln die Filets mit Zitronensaft, geben nur noch Salz und Pfeffer darauf und rollen sie schneckenförmig zusammen. Dann werden sie abwechselnd mit dünnen Rauchspeckscheiben und Tomatenvierteln auf Schaschlikspieße gesteckt und insgesamt eingeölt 7 Minuten gegrillt.

12 Seezungenfilets
Saft von 1 Zitrone
Salz, Pfeffer
Speiseöl
100 g Rauchspeck
250 g feste Tomaten

►

Aalspieße

Zum Grillen ist Aal wunderbar geeignet. Sein Fettgehalt schützt ihn vor dem Austrocknen, und sein kerniger Geschmack gewinnt noch über der Hitze des Holzkohlengrills.

Man kann den ausgenommenen Aal enthäuten oder auch nicht, das ist jedem selbst überlassen. Die Gäste haben es jedenfalls später etwas leichter beim Essen, wenn die Haut nicht mehr am Fisch ist.

Der Aal wird in gleich große Stücke geschnitten und einige Stunden in einer im Mixer hergestellten Mischung aus Zitronensaft, Worcestersauce, Weißwein, Honig und Öl mariniert.

Die Aalstücke öfter umdrehen, dann abtupfen und auf Schaschlikspieße stecken.

Dazwischen kann man noch Lorbeerblätter oder frischen Salbei aufstecken. Sie werden zwar in der Hitze vertrocknen, geben aber doch ihren Geschmack an den Aal ab.

Nun die Spieße von jeder Seite je nach Dicke des Aals 4–6 Minuten grillen. Dabei hin und wieder mit der restlichen Marinade bestreichen. Dann salzen und pfeffern.

Dazu paßt ausgezeichnet ein Mayonnaisen-Kartoffel-Salat und eine zarte Sauce auf Basis von Crème fraîche, Tomatenketchup, Zitronensaft und weißem Pfeffer.

1 kg frischer Aal
Saft von 2 Zitronen
1 Teelöffel Worcestersauce
1/2 Tasse Weißwein
1 Eßlöffel Honig
1 Tasse Olivenöl
Salz, Pfeffer

TIP: Man kann den Aal auch in größeren Stücken grillen und braucht dann keine Spieße.

Schwertfisch-steaks

Wenn Sie einmal Schwertfisch beim Fischhändler entdecken, dann sollten Sie zugreifen.

Er ist aufgrund seines festen Fleisches besonders gut zum Grillen geeignet. Die nicht zu dünn geschnittenen Scheiben werden zunächst 1–2 Stunden mariniert.

Dazu nimmt man Zitronensaft, in Salz zerdrückte gehackte Knoblauchzehe, Sojasauce, Öl, Senf und Pfeffer.

Die Steaks mit der Marinade bestreichen und nach der Hälfte der Zeit umdrehen. Jetzt die Marinade etwas abstreifen und die Steaks von jeder Seite 3 Minuten grillen.

Wer mag, kann die gegrillten Steaks noch mit vorher in einer Kelle angewärmtem und angezündetem Calvados oder Weinbrand. flambieren. Dazu passen gut ein leichter Kartoffelsalat oder Stangenweißbrot und ein knackiger Salat.

4 Schwertfischscheiben (etwa 2,5 cm dick)
Saft von 1 Zitrone
1 Knoblauchzehe
Salz
3 Eßlöffel Sojasauce
1/2 Tasse Speiseöl
1 Eßlöffel mittelscharfer Senf
frisch gemahlener Pfeffer
Speiseöl

TIP: Statt Schwertfisch kann man auch Thunfisch, Heilbutt oder andere festfleischige Fischsorten nehmen. Die Steaks sollte man aber erst auf einer Seite fertiggrillen und nur einmal wenden; oder in einen Fischgrillrost einspannen – was grundsätzlich besser ist.

Grüne Heringe

Wenn viele das Braten grüner Heringe in der Wohnung scheuen, weil ein nicht zu „überriechender" spezieller Duft entsteht, so ist der Grill im Freien das ideale Gerät, diesen bekanntesten aller Fische ohne große Geruchsbelästigung zuzubereiten.

Er bewahrt dabei seinen herrlichen Eigengeschmack und ist zusammen mit etwas knackigem Weißbrot und/oder Kartoffelsalat sowie ein paar mitgegrillten Tomaten ein echtes kulinarisches Erlebnis.

Die ausgenommenen, gewaschenen und

trockengetupften Heringe werden innen und außen gesalzen, gepfeffert und mit etwas Rosmarin bestreut.

Von jeder Seite 4–6 Minuten (je nach Größe der Fische) grillen. Wenn sich die Rückenflosse leicht herausziehen läßt, ist der Fisch gar. Wer mag, gibt ein paar Tropfen Zitronensaft über den Fisch.

Grüne Heringe (pro Kopf 2–3)
Rosmarin
Salz, Pfeffer

TIP: Heringe sind empfindlich und zerfallen beim Wenden leicht auf dem Grill, wenn man nicht vorsichtig ist. Besser ist es, sie in einen zusammenklappbaren Rost mit Griff zu klemmen.

Hummer

Der lebende Hummer wird zunächst in reichlich sprudelnd-kochendes Salzwasser gegeben, darin bekommt er auch seine rote Farbe. Dann noch 5 Minuten ziehen lassen. Sollten Sie einen schon roten, tiefgefrorenen Hummer kaufen, muß dieser nur aufgetaut werden.
Den Hummer nur mit einem großen spitzen Messer am Rücken tief einstechen und mit einem Längsschnitt halbieren.

Jetzt mit der Schnittseite zur Glut 1 Minute grillen. Dann umdrehen und weitere 2 Minuten grillen.
Dabei eine weiche Butter aufstreichen, die mit Cayennepfeffer, weißem Pfeffer, Rauchsalz, Zitronensaft und Muskat gewürzt wurde.

- 2 Hummer
- 80 g Butter
- 1 Prise Cayennepfeffer
- 1 Messerspitze weißer Pfeffer
- 1/4 Teelöffel Rauchsalz
- 1 Eßlöffel Zitronensaft
- 1 Prise Muskat

Hummerkrabben

Beim Wort Hummer bekommen Kenner verzückte Augen, und bei den Hummerkrabben ist es ganz ähnlich. Sie sind im Fleisch nicht selten noch zarter als ihr großer Bruder und lassen sich vor allen Dingen sehr gut grillen.

Es gibt kaum eine festlichere Vorspeise als gegrillte Hummerkrabben, gleich, ob sie nun schön auf einem Spieß aufgereiht wurden oder „lose" angeboten werden.

Die Hummerkrabben werden nach dem Auftauen – besser wäre es natürlich, wenn Sie frische bekommen – längs halbiert und zunächst eine halbe Stunde oder länger mit Zitronensaft mariniert. Dann werden sie gesalzen, gepfeffert und wer mag, gibt noch einen Hauch Ingwerpulver darüber.

Nun abwechselnd mit frischen Salbeiblättern (sofern vorhanden) auf Spieße stecken und ein paar Minuten grillen.

Jetzt entsteht auch die rote Farbe, falls sie rohe Hummerkrabben verwendet haben. Waren sie schon rot, so macht das nichts. Sie sind dann entweder blanchiert oder schon gekocht eingefroren worden. Die Grillzeit muß dann aber etwas verkürzt werden.

Natürlich müssen die Hummerkrabben beim Grillen mit Öl bestrichen werden.

Wenn sie etwas größer sind, legt man sie am besten so auf den Grillrost und dreht sie mit einer Zange. Sie müssen von der Schale her und von der Innenseite gegrillt werden.

8–16 Hummerkrabben (je nach Größe)
Saft von 2 Zitronen · Salz, Pfeffer
1 Teelöffel Ingwerpulver
1 Zweig frischer Salbei
Speiseöl

Phantasie in Fisch

Manchmal bekommt man beim Fischhändler ein paar ausgefallene kleinere Fische oder Krustentiere und weiß nicht so recht, wie man sie verwenden könnte. Da bieten sich phantasievolle Fischspieße geradezu an. Allen diesen Fischlein, Krevetten, Tintenfischen, vielleicht auch Austern, Jakobsmuscheln, Langostinos usw. ist gemeinsam, daß sie eine recht kurze Garzeit haben.

In welcher Reihenfolge man sie auf die Metall- oder Holzspieße steckt, spielt auch keine Rolle. Man kann Spieße mit nur einer Sorte ebenso anbieten wie bunt gemischte. Man kann Artischockenböden ebenso dazwischenstecken wie Kirschtomaten, Avocadostückchen oder Mangoscheiben.

Die Schalentiere, wie Langostinos, Scampi, Hummerkrabbenschwänze und Garnelen, spießt man mit der Schale auf – sofern sie noch eine haben –, kleine Fische, wie Sardinen, Sardellen, Rotbarben usw., werden nach dem eventuellen Schuppen und dem Ausnehmen mit Zitronensaft beträufelt.

Gegrillt werden die Spieße über nicht zu starker Glut etwa 4–5 Minuten, und serviert werden sie mit viel Zitrone und einer leichten Sauce aus Mayonnaise, Crème fraîche, Ketchup, Cayennepfeffer und Salz.

1 kg beliebige kleine Meerestiere
500 g Artischockenböden, Avocados usw.
4 Zitronen
1 Tasse Mayonnaise
1/2 Tasse Crème fraîche
3 Eßlöffel Ketchup
1 Prise Cayennepfeffer
Salz

Gegrillte Schalentiere

Muscheln

Sie werden 5 Minuten gekocht, dann aus der Schale gelöst. Eine Muschel kommt jeweils in eine Schalenhälfte und darauf eine Mischung aus Butter, gehackter Petersilie, Zitronensaft, Pfeffer und Salz. 12 Minuten auf dem Grill lassen oder im Elektrogrill 7 Minuten mit Oberhitze.

- 2 kg Miesmuscheln
- 100 g Butter
- 3 Eßlöffel gehackte Petersilie
- Saft von 1 Zitrone
- Pfeffer, Salz

▼

Austern

Sie werden zusammen mit in Rotwein eingeweichten Backpflaumen auf Zahnstocher gesteckt und höchstens 2 Minuten gegrillt.

24 Austern
24 Backpflaumen
2 Tassen Rotwein

Jakobsmuscheln

Die ausgelösten Muscheln mit Grapefruitscheiben und Zucchinischeiben auf Spieße stecken, mit Zitronensaft beträufeln und eingeölt 3–4 Minuten grillen.

16 Jakobsmuscheln
2 Grapefruits
1 Zucchini
Saft von 1 Zitrone
Speiseöl

▼

Froschschenkel

Froschschenkel haben ein sehr zartes Fleisch, das im Geschmack etwa Putenfleisch ähnlich ist.

Nach dem langsamen Auftauen werden die Schenkel zunächst in einer Mischung aus Öl, Zitronensaft, zerdrückten Knoblauchzehen und Pfeffer 1 Stunde mariniert.

Dann auf Spieße stecken, damit man sie bequemer wenden kann, und von beiden Seiten 3–4 Minuten grillen. Die Glut sollte diesmal nicht zu stark sein, damit die Schenkel nicht trocken werden.

Während des Grillens werden sie mit der Marinade bestrichen.

Wer besonders intensiven Knoblauchgeschmack mag, streicht kurz vor Schluß noch eine Paste aus Butter, Semmelbröseln und zerdrückter Knoblauchzehe auf die Schenkel und läßt sie schön braun werden. Vor dem Servieren noch pfeffern und salzen.

1–2 Packungen Froschschenkel
1/2 Tasse Speiseöl
Saft von 1 Zitrone
4 Knoblauchzehen
Pfeffer, Salz

TIP: Die Schenkel werden ohne Besteck gegessen, deshalb viele Papierservietten bereitlegen. Als Getränk paßt ein gutgekühlter trockener Weißwein am besten dazu, außerdem sollte man Weißbrot und Kräuterbutter reichen.

Wer auf eine Sauce nicht verzichten möchte, lockert eine Mayonnaise mit Crème fraîche auf und würzt sie mit Currypulver, Zitronensaft, einer Prise Cayennepfeffer und etwas Senf.

Weinbergschnecken

Weinbergschnecken haben einen festen Platz in der Speisekarte der Feinschmecker. Um so erfreulicher, daß man sie auch im Freien auf dem Grill bereiten kann.

Die Häuschen werden auf kleine, nicht zu hohe Salzhäufchen gestellt, so daß sie nicht umkippen können und daß die Öffnung waagrecht stehen bleibt.

Zur Füllung stecken wir in jedes Gehäuse eine Schnecke und etwas Saft aus der Dose.

Verschlossen werden die Häuschen mit einer speziellen Schneckenbutter. Das ist weiche Butter, die mit gehackter Petersilie, zerdrücktem Knoblauch, ein paar Tropfen Zitronensaft, Pfeffer und Salz vermischt wurde.

Die Schnecken bleiben so lange auf einem Blech über der sehr starken Glut, bis die Butter brutzelt.

Dazu gibt es in jedem Fall knuspriges Stangenweißbrot, mit dem man die leckere Butter aufnimmt.

- 48 Schnecken (Dosen) und Gehäuse
- 250 g Butter
- 1 Bund Petersilie
- 8 Knoblauchzehen
- 1 Teelöffel Zitronensaft
- Pfeffer, Salz

TIP: Als Vorspeise genügen meist 6 Schnecken pro Kopf.

Man kann die Schnecken auch mit dünnen Rauchspeckscheiben umwickeln und auf Spieße stecken. Die Schneckenbutter wird dann extra gereicht.

Pilze

In manchen Jahren gibt es geradezu eine Pilzschwemme, und da bietet sich besonders an, sie zur Abwechslung auch einmal zu grillen.

Natürlich verwendet man hierfür nur einwandfreie und feste Pilze. Am besten sind Steinpilze geeignet, die man längs durchschneidet, falls sie sehr groß sind. Spaß haben wird man aber auch am Echten Reizker, an Maronenröhrlingen, an Pfifferlingen, Champignons und anderen festfleischigen Sorten. Nicht gut geeignet sind Pilze mit zarten, weit auseinanderstehenden Lamellen, da diese in der Hitze zu schnell verbrennen würden.

In jedem Fall muß der Rost sehr sauber und gut eingeölt sein.

Die Pilze selbst werden auch – gleich, ob sie auf einen Spieß gesteckt oder „lose" gegrillt werden – sehr gut eingeölt.

In dieses Öl geben wir zerdrückten Knoblauch, geriebene Zwiebel, Worcestersauce, Zitronensaft, Pfeffer und Salz. Genaue Grillzeiten lassen sich hier nicht angeben. Man muß hin und wieder probieren.

Die Pilze können ruhig noch fest sein, läßt man sie zu lange auf dem Grill, werden sie strohig und trocken.

800 g festfleischige Pilze
1/2 Tasse Speiseöl
2 Knoblauchzehen
1 kleine Zwiebel
1 Teelöffel Worcestersauce
1 Teelöffel Zitronensaft
Pfeffer, Salz

Raclette

1/2 Raclettekäse für etwa 12 Personen

3 kg Kartoffeln

eingelegte Gurken, Paprika, Perlzwiebeln, Mixed Pickles, Senfgurken usw.

Raclette ist nicht nur ein „Spielchen“ für lange Winterabende am Kamin. Es geht – mit einigem Geschick – auch gut am senkrechten Grill.

Dazu muß man mit Steinen eine Auflagefläche (aus nicht brennbarem Material) schaffen, auf der man den Käse immer wieder zum Anschmelzen hinlegen kann.

Wenn die vordere Schnittfläche von der Hitze zu schmelzen beginnt, nimmt man den Käse vom Grill und schabt mit einem Messer (in der Schweiz heißt das dort verwendete Spezialmesser „Raclette“) die weiche Schicht auf einen Teller.

Dazu ißt man Pellkartoffeln und verschiedene sauer eingelegte Gemüse.

Da der Schmelzvorgang doch immer ein Weilchen dauert, muß jeder immer sofort anfangen zu essen, wenn er seinen Käse auf dem Teller hat.

TIP: Natürlich kann man auch weniger Personen Raclette bieten. Den Käserest wickelt man ein und verwendet ihn beim nächsten Mal weiter.

Exotische Grillspieße

Das zweite Kapitel in unserem großen Spießfestival stellen die „Exoten" dar. Während das Prinzip „man nehme verschiedene Zutaten und stecke sie abwechselnd auf hölzerne oder metallene Spieße" gleich bleibt, werden wir bei den Zutaten eben mutiger, das heißt exotischer. Wir mischen einheimische Fleischsorten mit Früchten und Gemüsen, die nur in anderen Breitengraden gedeihen, und würzen mit Gewürzen, die mancher bisher vielleicht noch nicht im Küchenschrank hatte.

Kantonspieße

Kalbsleber wird mit Bananen- und Apfelstücken auf Spieße gesteckt.

Gewürzt wird mit Sojasauce, Ingwerpulver, Pfeffer, Salz und einem Hauch Cayennepfeffer.

Pekingspieße

Hierfür verwenden wir Lauchringe, Putenschnitzelstücke und Bambusschößlinge, Wasserkastanien oder ähnliches (alles in Dosen zu haben).

Bestrichen werden die Spieße 1 Stunde vorher und während des Grillens mit einer Mischung aus Öl, Sojasauce, Ingwerpulver, Pfeffer und Salz.

Honanspieße

Krevetten, Speck, Zwiebeln und ein oder zwei exotische Gemüse, wie Lilienknospen, Bambussprößlinge oder Wasserkastanien, sind hier die Zutaten, und alles wird sehr scharf gewürzt. Verwenden Sie eine Mischung aus Öl, Honig, Sambal (aber vorsichtig), Sojasauce, Pfeffer und Salz zum Marinieren und Bestreichen.

Szetschuanspieße

Hierbei werden Hühnchenfleisch aus der Brust, frische Ananasstücke und eingelegter Ingwer „aufgespießt". Mariniert und gewürzt wird mit einer Mischung aus Ingwersirup, Curry, Öl, Pfeffer und Salz.

Schanghaispieße

Stücke von festfleischigem Fisch, halbierte Datteln und Bambussprossen werden hierbei verwendet. Die Marinade und Würze besteht aus Öl, Sherry, Knoblauchpulver, Sojasauce, Pfeffer und Salz.

TIP: Man kann auch ganz andere Zusammenstellungen erfinden und weitere Zutaten, wie gekochten Schinken, Rinderfilet, Kalbfleisch, Krebsschwänze, Karpfenfleisch usw., verwenden.

Eine wichtige Rolle spielt Sojasauce. Sie sollte nicht nur in der Marinade enthalten sein, sondern stets auch auf dem Tisch stehen.

Als Beilage ist natürlich Reis empfehlenswert, der in einer Stanniolfolie auf dem Grill warm gehalten wird.

Doner Kebab

Wer jemals im Vorderen Orient war, wird es an allen Straßenecken gesehen haben, das Doner Kebab. Es stammt aus der Türkei und hat sich weit verbreitet, auch bei uns sieht man es schon häufiger in Lokalen exotischer Machart.

Meist wird dieser große Spieß senkrecht angeordnet sein, und die Fleischscheiben sind ganz dicht aufeinandergepreßt. Das läßt sich zu Hause nicht machen.

Wir nehmen unserer normalen Bratspieß und stecken die dünn geschnittenen Fleischscheiben möglichst dicht beieinander, dann werden sie mit den Klammern befestigt. Jetzt wird so lange gegrillt, bis die äußeren Spitzen braun geworden sind. Diese schneidet man nun mit einem sehr scharfen Messer ab und läßt sie gleich auf den Teller fallen.

Dann läuft der Drehspieß weiter, bis die nächste Portion gar ist.

Der Pfiff kommt von der Marinade, in der das Fleisch 1 Tag eingelegt wurde. Es ist Olivenöl mit zerdrücktem Knoblauch, geriebener Zwiebel, Senf, Rosmarin, Anislikör, Pfeffer und Salz. Beim Grillen kann man von dieser Marinade immer etwas aufstreichen.

2 kg nicht zu dick geschnittene Schnitzel (es geht auch Lamm, Rind, Putenschnitzel)
1½ Tassen Olivenöl
10 Knoblauchzehen
3 mittelgroße Zwiebeln
2 Eßlöffel Senf
1 Zweig Rosmarin
3 Eßlöffel Anislikör
Pfeffer, Salz

TIP: Man kann auch gekochten Schinken, dünne Rauchspeckscheiben oder Paprika mit auf den Spieß geben.

Grillfondue

Eine besonders originelle Art sein Fleisch zu garen, ist es, dies auf heißen Schieferplatten zu tun. Dazu besorgt man sich beim Dachdecker oder Steinmetz etwa 13–18 mm dicke, etwa tellergroße Platten aus Schiefer. Die müssen natürlich erst zurechtgeschnitten werden, was aber kein Problem ist.

Die Platten müssen dann auf dem Grill sehr stark erhitzt werden. Da Schiefer nun die Hitze sehr lange hält, kann man auf einer solchen Platte, die mittlerweile mit einer Zange auf den Tisch befördert wurde, auch sehr lange sein Fleisch oder Fisch garen. Wenn die Platte schließlich zu kalt dafür geworden ist, legt man sie wieder auf den Rost und nimmt eine neue oder wartet, bis die eigene wieder heiß ist.

Das Fleisch schneidet man aus größeren Stücken nicht zu dick, obwohl man auch normale Steaks durchaus auf der Schieferplatte gar bekommt.

Dazu reicht man eine Auswahl leckerer Saucen, z. B. wie wir sie auf Seite 144–147 beschrieben haben, weiterhin eingelegte Gemüse verschiedenster Art, fertige Saucen, Butter und viel knackiges Stangenweißbrot. Also alles, was man auch bei einer üblichen Fleischfondueparty auf den Tisch stellen würde.

Wenn man seine Beilagen noch kalorienarm hält, hat man übrigens auch gleich ein diätetisches Mahl. In jedem Fall macht es viel Spaß, wenn sich jeder selbst sein Fleisch gart.

- 800 g Fleisch (z. B. Schweineschnitzel, Rindersteak, Putenschnitzel, Lammkeule)
- Saucen verschiedenster Art
- eingelegtes Gemüse

TIP: Wunderbar läßt sich so auch Fisch grillen. Im Winter kann man die Platten auf dem Balkon erhitzen und dann ins Zimmer bringen (oder man erhitzt sie auf dem Elektroherd oder der Gasflamme). In jedem Fall muß man eine geeignete Unterlage beschaffen, denn die Schieferplatten sind sehr heiß.

Fleisch und Fisch werden nicht zu dick geschnitten.

Erhitzen der Schieferplatten auf dem Grill.

Jeder gart seine Stückchen wie er es mag.

Hähnchenschenkel indisch

Zunächst wird eine Paste gerührt, die aus Kardamompulver, geriebenem frischen Ingwer (ersatzweise Ingwerpulver), Cayennepfeffer, Salz, gemahlenem Kreuzkümmel, Safran, zerstoßenem Knoblauch und Speiseöl besteht.

Die Hähnchenschenkel mehrmals mit einer Gabel einstechen und die Paste einmassieren. Im Kühlschrank 24 Stunden stehenlassen.

TIP: Die Gewürzmischung – in Indien Masala genannt – kann vielfach abgewandelt werden. Wie beim Curry hat jeder in Indien sein eigenes Rezept. So kann man auch folgende Gewürze zusätzlich oder im Austausch verwenden: Zitronensaft, geriebene Zitronenschale, geriebene Zwiebeln, zerstoßene Senfkörner, Gewürznelkenpulver, Zimtpulver, Fenchelsamen, Pfeffer, Chilipulver, Kokosnußraspel, zerstoßenen Mohn und Kurkuma.

Jetzt die Paste abstreifen und mit weiterem Öl gut streichfähig machen.

Die Schenkel auf dem Grill von beiden Seiten braun grillen. Dabei zunächst mit reinem Öl bestreichen und zuletzt noch einige Male mit dem Gewürzöl.

Dazu paßt gut eine Joghurtmasala, die man aus dem restlichen Gewürzöl macht, das nur mit Joghurt gut verquirlt wird.

- 1 gehäufter Teelöffel Kardamompulver
- 1 frische Ingwerwurzel
- 1 Prise Cayennepfeffer
- Salz
- 1 Teelöffel gemahlener Kreuzkümmel
- 3 Beutel Safranpulver
- 6 Knoblauchzehen
- 1 Tasse Olivenöl
- Speiseöl zum Bestreichen
- 1 Becher Joghurt

Spießchen Kalkutta

Hackfleischgerichte spielen auf der ganzen Welt eine große Rolle, doch sie sind beileibe nicht nur eine Speise der Armen. Mit mannigfaltigen Zutaten kann man viele schmackhafte Zubereitungen herstellen, wie auch dieses Beispiel aus Indien zeigt.

Das Fleisch wird mit den gehackten Mandeln, der geriebenen Zwiebel, dem feingehackten Ingwer, dem in etwas heißem Wasser gelösten Safran, der gehackten Petersilie, den Eiern, Salz und Cayennepfeffer gut durchgeknetet. Dann mit nassen Händen kleine Bällchen formen und auf Schaschlikspieße stecken. Etwa 7 Minuten unter häufigem Drehen grillen.

Eine würzige Joghurtsauce ist hierzu besonders stilecht. Der Joghurt wird mit den Eigelben verquirlt. Dazu kommen die feingehackte Zwiebel und der Knoblauch, Zucker, gemahlener Kreuzkümmel, Zitronensaft, Salz und Pfeffer.

700 g Hackfleisch vom Rind
80 g süße Mandeln
2 mittelgroße Zwiebeln
1 Ingwerknolle
1 Päckchen Safranpulver
1/2 Bund Petersilie
2 Eier
Salz
1 Prise Cayennepfeffer
1½ Becher Joghurt
2 Eigelb
1 mittelgroße Zwiebel
2 Knoblauchzehen
1 Teelöffel Zucker
1 Teelöffel gemahlener Kreuzkümmel
1 Eßlöffel Zitronensaft
Salz, Pfeffer

Gemüsebeilagen

Was ist ein schönes Stück Fleisch ohne entsprechendes Gemüse. Ein paar Gemüse lassen sich zum Glück grillen, man muß es nur behutsam, eher am Rand des Grills tun. Zartere Gemüse kann man außerdem gut in Folie einschlagen und mit etwas Butter auf dem Rost dünsten.

Wann ein Gemüse gar ist, läßt sich hier natürlich nicht genau angeben, das richtet sich ganz nach der Größe und Art und wie es geschnitten wurde.

Generell sollte man es immer sehr gut mit einem neutralen Speiseöl einfetten, denn es hat ja selbst keine Fettbestandteile wie Fleisch oder Fisch. Tut man dies nicht, würde die Oberfläche nur allzu schnell vertrocknen und dann verbrennen.

Gemüse mit langen Garzeiten, wie Karotten, Kohlrabi, rote Bete oder Blattgemüse, wie Spinat, Kohl u. ä., kann man überhaupt nicht grillen. Wenn man nicht darauf verzichten möchte, sollte man es vorkochen und in einer Folienform auf dem Grill heiß halten oder erwärmen.

Gut grillen lassen sich Zucchini – längs halbiert –, Tomaten – auch Stücke, mit dünnen Speckscheiben umwickelt –, Auberginen, Paprikaschoten, Gurken und vor allem Pilze und Maiskolben.

TIP: Am besten ist es, Gemüse in Scheiben zu schneiden und gemischt auf Spieße zu stecken. Dadurch kann die Grillhitze besser wirken, und das Gemüse verbrutzelt nicht, bevor es gar ist. Sollte diese Gefahr trotzdem bestehen, ist es immer empfehlenswert, das Gemüse sofort in Stanniolfolie einzuschlagen und vorher etwas Butter darüberzugeben.

Champignon-Doppelkopf

Benötigt werden möglichst gleich große Champignons vom mittleren Umfang. Sie müssen also schon aufgegangen sein. Die Stiele werden abgeschnitten, und in die Champignonhälften kommt eine Mischung aus dem feingehackten gekochten und rohen Schinken, der mit dem Knoblauch-Frischkäse zu einer Paste verarbeitet wurde.

Jetzt die Hälften – jeweils zwei mit der Füllung „zusammengeklebt" – auf Spieße stecken und ein paar Minuten von allen Seiten grillen. Dabei selbstverständlich immer wieder mit Öl einpinseln.

Aus den Stielen der Champignons und den anderen Pilzen wird ein kleines Ragout in der Küche zubereitet, das man in einer Folie auf dem Grill warm hält.

Dazu schmeckt am besten eine trockene oder mit Kräuterquark gefüllte Pellkartoffel.

1 kg frische Champignons
150 g gekochter Schinken
150 g roher Schinken
80 g Knoblauch-Frischkäse
Speiseöl

Gegrillte Bananen

Längs halbierte Bananen mit der Schale nach unten so lange auf dem Grill lassen, bis das Fruchtfleisch weich und bräunlich geworden ist. Geriebene Haselnüsse darüberstreuen.

4 mittelgroße Bananen
4 Eßlöffel geriebene Haselnüsse

Bananenspieße

Bananenstücke werden abwechselnd mit Orangenstücken auf Spieße gesteckt. Mit Honig eingestrichen, werden sie von jeder Seite 2 Minuten gegrillt.

2 Bananen
2 Orangen
2 Eßlöffel Honig

Gefüllte Birnen

Halbierte und entkernte Birnen mit der Schnittseite nach unten 3 Minuten grillen. Dann umdrehen und weitere 3 Minuten grillen.

Gefüllt werden sie mit Rumtopffrüchten und Schlagsahne.

2 Birnen
4 Eßlöffel Rumtopffrüchte
1 cl Schlagsahne

Fernöstlicher Obstspieß

Wie Gemüse, ist auch Obst etwas schwieriger zu grillen. Trotzdem braucht man natürlich nicht darauf zu verzichten.

Sehr gut läßt sich z. B. ein fernöstlicher Spieß auf dem Grill bereiten. Dazu stecken wir abwechselnd Litschis, Ananasstücke und Maraschinokirschen auf Holz- oder Metallspieße.

Vor dem Grillen wird das Obst mit einer Mischung aus Honig, braunem Zucker, Ingwerpulver und Pfeffer bestrichen. Sie werden es sehen, der Pfeffer stört überhaupt nicht und hebt den Eigengeschmack. Unter Wenden insgesamt 5 Minuten grillen.

1 Dose Litschis
1/2 Ananas
1 kleines Glas Maraschinokirschen
2 Eßlöffel Honig
2 Eßlöffel brauner Zucker
1 Teelöffel Ingwerpulver
Pfeffer aus der Mühle

Bratapfel am Stecken

Ein hübscher Zeitvertreib sind Bratäpfel am Stecken. Ausnahmsweise können hier – natürlich unter Aufsicht – auch einmal die Kinder an den Grill, wenn der Stecken lang genug ist und die Glut auf dem Erdboden angemacht wurde.

Man steckt die geschälten oder ungeschälten Äpfel einfach auf lange Holzruten, die

Flambierte Apfelringe

Geschälte ausgestochene Apfelringe werden je Seite 3–4 Minuten gegrillt. Dann in eine heiße Form geben, in Rum eingelegte Rosinen darauflegen und mit in einer Kelle erwärmtem Grand Marnier flambieren.

4 Äpfel
1 Tasse Rosinen
1/2 Tasse Rum
1/2 Tasse Grand Marnier

man sich passend zurechtschneidet. Wenn es frisches Holz ist, wickelt man vorher etwas Stanniolfolie um den Stecken. Der Apfel wird so lange gegrillt, bis er sich zu einem leckeren Bratapfel verwandelt hat.

In den letzten Minuten wird er noch mit Honig bestrichen und mit Krokantkrümeln bestreut.

4 mittelgroße Äpfel
3 Eßlöffel Honig
3 Eßlöffel Krokantkrümel

Salate

Zu einem zünftigen Grillfest gehören immer auch ein paar leckere Salate. Auf dieser und der nächsten Doppelseite möchten wir ihnen ein paar „Klassiker" vorstellen, die ausgezeichnet passen. Natürlich kann man die Rezepte nach eigenem Gefühl auch abwandeln. Hier zunächst die Grundsaucen, auf die man immer zurückgreifen kann:

Mayonnaisensauce

Zu den Eigelben kommt das Öl, zunächst tropfenweise – immer unter Rühren mit dem Rührstab natürlich –, dann etwas zügiger, bis das Öl völlig aufgenommen ist. Dazu kommen Zitronensaft, Pfeffer, Salz, und „erleichtert" wird die Sauce mit Crème fraîche.

- 2 Eigelb
- 1/4 – 1/2 l Speiseöl
- Saft von 1/2 Zitrone
- 1–2 Becher Crème fraîche
- Salz, Pfeffer

Salatdressing

Im Essig wird Salz gelöst. Dazu kommen Senf, Glutamat, Worcestersauce und Pfeffer. Das Öl wird mit dem Schneebesen untergeschlagen. (Im Zweifelsfall immer weniger Essig oder mehr Öl nehmen.)

4 Eßlöffel Sherryessig · Salz
1/2 Teelöffel Senf · 1 Prise Glutamat
3 Spritzer Worcestersauce · Pfeffer
18 Eßlöffel Olivenöl

Specksauce

Der feingewürfelte Speck wird in der Pfanne völlig ausgelassen. Dazu kommen Öl, Essig, Pfeffer und Salz.

Die Sauce immer warm über den Salat geben und sofort umrühren, damit sich das Fett gut verteilt.

150 g Rauchspeck · 2 Eßlöffel Speiseöl
3 Eßlöffel Kräuteressig · Pfeffer, Salz

Alle Blattsalate sollte man erst kurz vor dem Verzehr anrichten. Noch besser ist es, wenn sich jeder seine Sauce selbst darübergibt und nur kurz auf dem Teller mischt.

Alle anderen Salate sollten einige Stunden durchziehen.

Tomatensalat

Vollreife, feste Tomaten in Scheiben schneiden, gehackte Zwiebeln und Salatdressing darübergeben. Kräuter – speziell Basilikum – geben den letzten Pfiff.

Griechischer Tomatensalat

Rezept wie oben mit Basilikum. Dazu zerbröckelter Schafskäse und schwarze Oliven. Besonders echt mit kaltgeschlagenem Olivenöl.

Gemischter Salat

Verschiedene grüne Salate, Paprika in dünnen Scheiben, Radieschen, gehobelte Gurken usw. ungemischt hinstellen. Jeder Gast nimmt was er mag und mischt es mit Salatdressing.

Paprikasalat

Paprika möglichst dünn (am besten mit der Küchenmaschine) hobeln. Zwiebelringe dazugeben und mit Salatdressing vermischt ziehen lassen.

Zwiebelsalat

Zwiebeln hobeln (mit der Küchenmaschine) und mit Salatdressing einige Stunden ziehen lassen. Wird etwas milder, wenn man die Zwiebelringe kurz mit kochendem Wasser überbrüht.

Risi-Pisi-Salat

Langkornreis nicht zu weich kochen. Abgießen, auf einem Küchentisch ausbreiten und trocknen lassen. Dann mit Mayonnaisensauce, kleinen Dosenerbsen und Paprikastückchen sowie gehackter Petersilie vermischen.

Reissalat

Körnig gekochten Reis mit feinen Streifen Emmentaler o. ä. mischen und mit 1/2 Salatdressing und 1/2 Mayonnaisensauce sowie gehackten Kräutern anrichten. Man kann auch ein paar mit Zitrone beträufelte Apfelstreifen dazugeben.

Nudelsalat

Hörnchennudeln oder ähnliche nicht zu weich kochen, abschrecken und abtropfen lassen. In ein Küchentuch geben und das Wasser herausschleudern.

Dann mit Mayonnaisensauce anmachen. Dazu kommen gehackte Kräuter und vielleicht Streifen von Wurst, Schweizer Käse, Gewürzgurke, Paprikastücke usw.

Linsensalat

Nicht zu weich gekochte Linsen werden mit der Specksauce vermischt. Dazu kommen reichlich gehackte Zwiebeln, Schnittlauch und noch ein paar Tropfen Essig extra.

Weißer Bohnensalat

Nicht zu weich gekochte weiße Bohnen werden mit einer der Saucen oder auch mit einer Mischung davon angerichtet. Dazu kommen gehackte Zwiebeln und Petersilie.

Weißkrautsalat

Weißkraut fein hobeln und 5 Minuten kochen. In kaltem Wasser abkühlen, abgießen und in einem Küchentuch trockenschleudern. Mit der Specksauce anrichten. Wer mag, gibt Kümmel dazu.

Kartoffelsalat

Salatkartoffeln kochen, abkühlen lassen und nach dem Pellen in dünne Scheiben oder in Würfel schneiden. Mit Specksauce mischen und ziehen lassen.

Gern wird hierbei auch noch etwas Fleischbrühe dazugegeben, damit der Salat saftiger wird. Und gehackte Zwiebeln sollten auch nicht fehlen.

Beim Mayonnaisensalat nimmt man Mayonnaisensauce und gibt geschnittene Delikateßgurken, Zwiebeln und gehackte Kräuter dazu. Mit etwas Senf, Sardellenpaste und Cayennepfeffer kann man diesen beliebten Salat noch würziger anrichten.

Kalte Saucen

Ohne ein paar liebevoll gerührte Saucen ist jedes Grillfest nur eine halbe Sache. Natürlich kann man – speziell zu Steaks und ähnlichen Grillstücken – auch fertige Saucen auf den Tisch stellen oder Ketchup, Chutneys und Dressings jeder Art, doch der ambitionierte Grillfreund wird immer auch ein paar eigene Schöpfungen anbieten wollen.

Basis vieler Saucen ist eine gute Mayonnaise, deshalb wollen wir zunächst diese wichtige „Sauce" erläutern. Andere Grundlagen sind Butter oder Schlagsahne.

Mayonnaise

Mayonnaise besteht aus einer dauerhaften Verbindung von Eigelb und Öl. Beides sollte zimmerwarm verarbeitet werden.

Die Eigelbe kommen in eine hohe schmale (feststehende) Schüssel o. ä. und werden mit dem Rührstab (langsame Stufe) oder dem Schneebesen geschlagen. Das Öl wird zunächst tropfenweise dazugegeben. Das Ei muß sich gewissermaßen erst daran gewöhnen. Gut geht dies, wenn die Flasche einen Ausgießer hat.

Später kann man dann das Öl zügiger dazugeben. Sollte die Mayonnaise dabei gerinnen, nimmt man ein neues Eigelb und gibt wieder zuerst allmählich von der geronnenen Mayonnaise dazu – als ob sie das Öl wäre.

Die Mayonnaise wird mit etwas Zitronensaft und Salz abgeschmeckt. Wenn man weitere Saucen daraus macht, kann man darauf verzichten.

Currysauce

Zur Mayonnaise kommt 1/3 der Menge Crème fraîche, Curry nach Geschmack, ein wenig Rum, Pfeffer und Salz.

Malteser Sauce

Zur Mayonnaise kommt etwas Blutorangensaft (oder Orangensaft) und geriebene Orangenschale (naturrein).

Aioli

Im Mörser wird jede Menge Knoblauch zerstampft. Dazu kommt 1 Eigelb. Dann wird zuerst tropfenweise, später zügiger so lange Öl dazugegeben, bis eine dicke Creme entstanden ist. Natürlich geht es auch mit vorgefertigter Mayonnaise. Mit Salz würzen.

Gibt man noch eine feingehackte Chilischote und etwas Paprikamark dazu, hat man die Rouille, die gut zu Fisch paßt.

Remoulade

Mayonnaise wird mit geriebenen Gewürzgurken, gehackten Kräutern und Sardellenfilets, feingehackten Zwiebeln, Paprikapulver, Salz und Pfeffer delikat abgeschmeckt. Man kann auch gehackte hartgekochte Eier untermischen.

Wenn man dann noch scharf mit Cayennepfeffer oder Tabasco abschmeckt, hat man gleich die Tatarensauce.

Dillsauce

Mayonnaise und Crème fraîche zu gleichen Teilen mischen, viel feingehackten Dill dazugeben und mit etwas geriebener Zitronenschale, Pfeffer und Salz abschmecken.

Barbecuesauce

Tomatenketchup mit etwas Zucker, Salz, Pfeffer und Senf „scharfmachen", dann mit dem Rührstab noch etwa 1/5 der Menge Olivenöl und ein paar Tropfen Essig untermischen.

Varianten: Viele ganze grüne Pfefferkörner dazugeben. Eingelegte Preiselbeeren untermischen. Gehackte Kräuter – speziell Basilikum, Estragon, Schnittlauch und Petersilie – dazugeben.

Meerrettichschlagsahne

Eiskalte Sahne schlagen und geriebenen Meerrettich nach Geschmack dazugeben.

Roquefortsauce

Roquefortkäse durch ein Sieb rühren. Mit saurer Sahne oder Crème fraîche mischen und mit etwas Sherry abschmecken. Man kann auch geriebene Nüsse dazugeben.

TIP: Geben Sie auch geriebene Zitronen- oder Orangenschale an Ihre Saucen. Sardellenpaste gibt immer eine feine Nuance (ohne fischig vorzuschmecken). Bei größeren Partys sollte man kleine Schilder mit den Namen der Saucen aufstellen.

Kleine Beilagen

Fleisch und Fisch allein machen auch nicht immer selig. So ein paar schnuckelige Beilagen sollte man immer mit anbieten.

Gegrillte Semmelknödel

Ganz ausgezeichnet lassen sich eingeölte Semmelknödelscheiben grillen. Oft hat man noch welche übrig, wenn nicht, lohnt es sich, extra ein paar Semmelknödel (speziell als Beilage zu Haxen und Rollbraten) vorher anzufertigen.

Rauchspeck

Dieser Speck spielt in unserem Grillbuch eine große Rolle, doch auch „solo“ auf einem Spießchen am Rande mitgegrillt, ist er eine beliebte Beilage zu vielen Gerichten.

Gefüllte Champignonköpfe

Wenn man schöne Champignons hat, kann man die Köpfe eingeölt erst von innen grillen, dann werden sie umgedreht und die in einer Pfanne mit Butter und Zwiebeln angedünsteten kleingehackten Stiele kommen hinein. Mit Petersilie, Knoblauch und Salz würzen.

Gefüllte Paprika

Halbierte Paprikahälften werden erst von innen 3 Minuten gegrillt, dann kommen in Butter geschwenkte, mit Salz und Kräutern gewürzte Maiskörner hinein.

Butter-mischungen

Wer „Butter aufs Brot" hat, kann sich glücklich schätzen, doch aus reiner geschmeidiger Butter kann man noch viele originelle Mischungen zaubern, die köstlich zu gegrilltem Fleisch und Fisch passen.

Die fertig gemischte Butter kann man einfach so anbieten, viel hübscher aber ist es, sie in Rollen zu formen und in Stanniol verpackt einige Zeit in den Kühlschrank zu legen. Die davon abgeschnittenen Scheiben schmelzen auch nicht so leicht auf den heißen Grilladen.

Kräuterbutter

Gehackte Kräuter, Salz, Pfeffer und weiche Butter mischen.

Kapernbutter

Viel gehackte Kapern mit weicher Butter mischen.

Pfefferbutter
Grob zerdrückte und ganze grüne und rote Pfefferkörner mit weicher Butter mischen.

Knoblauchbutter
In Salz mit dem Löffelrücken zerdrückte Knoblauchzehen mit weicher Butter mischen.

Paprikabutter
Paprikamark oder -pulver mit weicher Butter mischen.

Versuchen Sie auch Mischungen mit Senf, Sardellenpaste, Dill, geriebener Zwiebel, Curry, Muskat, Thymian, Kerbel, Roquefortkäse, Gouda (gerieben), Meerrettich, gehackter Salami, Kümmel u. a.

Gefülltes Brot

Als Ohnmachtshappen für größere hungrige Gästescharen – vielleicht zur Überbrückung bei größeren Braten, die doch längere Zeit brauchen – kann man gefüllte Brote auf dem Grill vorher zubereiten. Am besten sind dazu die Stangenweißbrote geeignet, auch Baguette oder Franzosenbrot genannt.

Die Brote werden dabei scheibenweise eingeschnitten. Der Schnitt sollte jedoch nicht ganz durchgehen. Dann kommen die verschiedensten deftigen Füllungen in die Schnitte, das Brot wird in Stanniolfolie eingeschlagen und 20 Minuten auf den Grill gelegt.

Brot mit Schinken-Käse-Füllung

Jede Schnittstelle wird mit weicher Salzbutter bestrichen, dann kommen in jeden Schlitz eine passende Scheibe Schnittkäse und gekochter Schinken mit Senf bestrichen.

1 Stangenweißbrot
100 g Salzbutter
200 g Schnittkäse
200 g gekochter Schinken
3 Eßlöffel Senf

Brot mit Speck-Knoblauchcreme-Füllung

Kleine Speckwürfel – ausgelassen oder roh – werden mit Knoblauchfrischkäse vermischt auf die Scheiben gestrichen. Gewürzt wird mit zerdrücktem grünem Pfeffer.

1 Stangenweißbrot
200 g Rauchspeck
200 g Knoblauchfrischkäse (Boursin)
2 Eßlöffel grüner Pfeffer

TIP: Versuchen Sie auch Füllungen mit Salami, Jagdwurst, Mortadella, Camembert und Brie.

Knoblauchbrot

Als Beilage zu den verschiedensten Fleisch- und Fischgerichten, genausogut aber auch als kleiner Gaumenkitzel vorneweg, eignet sich das Knoblauchbrot besonders gut.

Dazu schneidet man ein möglichst dünnes Stangenweißbrot in Scheiben. Die Scheiben beläßt man aber in der richtigen Reihenfolge, so daß sich später wieder das Brot in seiner ursprünglichen Form ergibt (man kann es auch so machen, daß man das Brot nicht ganz durchschneidet).

Die einzelnen Scheiben werden nun mit einer Mischung aus Salzbutter, zerdrückten Knoblauchzehen, gehackter Petersilie, Zitronensaft und zerdrückten grünen Pfefferkörnern von beiden Seiten bestrichen und aneinandergeklebt.

Das wieder zusammengesetzte Brot wird in Folie eingeschlagen und 15 Minuten gegrillt.

- 1 Stangenweißbrot
- 100 g Salzbutter
- 5 Knoblauchzehen
- 1 Bund Petersilie
- 1 Teelöffel Zitronensaft
- 2 Eßlöffel grüner Pfeffer

TIP: Natürlich gibt es noch Varianten. Gut schmeckt z. B. auch eine Roquefortbutter aus Butter und zerdrücktem Roquefort zu etwa gleichen Teilen.

Wer Knoblauch nicht so mag, kann statt dessen auch geriebene Zwiebel nehmen. Ebenso geht auch eine gute Kräuterbutter. Die Butter sollte zum besseren Einstreichen aber stets schön weich sein.

Gefüllte Brötchen

Ein lustiger Imbiß sind gefüllte Brötchen. Dazu werden Brötchen halbiert und ausgehöhlt. Die Hälften werden von beiden Seiten 1 Minute gegrillt.

Hinein kommen Ketchup, ein paar Zwiebelringe, dann eine halbierte Frikadelle – kalt oder besser warm – und ein Klecks Mayonnaise. Mit Kapern und eingelegtem Paprika dekorieren.

- 4 Brötchen
- 4 Eßlöffel Tomatenketchup
- 1 mittelgroße Zwiebel
- 4 Frikadellen (s. Rezept)
- 4 Eßlöffel Mayonnaise
- Kapern
- eingelegter Paprika

Käse

Käse kann man bis auf Raclett kaum auf dem Grill „verarbeiten". Doch zu einem gelungenen Menü gehört er nun einmal, und viele Genießer möchten auch nicht darauf verzichten. Sehr gut harmonieren Käse und Paprika. Wir haben hier drei Rezepte, bei denen beides zu einer schönen Harmonie verbunden ist.

Die gewaschenen, ausgehöhlten und halbierten Paprikaschoten werden zunächst eingeölt einige Minuten gegrillt. Dann füllt man folgende Mischungen hinein:

Gorgonzola zerbröckeln und mit einigen Tropfen Portwein vermischen.

Schafskäse aus der Salzlake zerbröckeln und mit feingehackten Zwiebeln, Olivenscheiben, Olivenöl und Paprikapulver anrichten.

Harzer Käse mit Öl, Essig, Pfeffer und Oregano oder Thymian anmachen.

TIP: Sehr gut schmeckt auch Camembert, den man in Paprikahälften auf dem Rost langsam zum Schmelzen bringt und mit Preiselbeeren obendrauf serviert.

Register

Aalspieße 110
Aioli 145
Apfelringe, flambierte 139
Austern 121

Bananen, gegrillte 137
Bananen-Orangen-Spieße 137
Barbecuesauce 146
Beilagen, kleine 148
Birnen, gefüllte 137
Bohnensalat, weißer 142
Bratapfel 138
Brot, gefülltes 152
Brötchen, gefüllte 154
Brot mit Schinken-Käse-Füllung 152
Brot mit
Speck-Knoblauchcreme-Füllung 152
Buttermischungen 150

Ćevapčići 40
Champignonköpfe, gefüllte 148
Chateaubriand 70
Cocktailspieße 30
Cordon bleu 76
Currysauce 144

Dillsauce 146
Doner Kebab 128
Dörrfleischspießchen 35

Ente 88
Entrecote 66
Exotische Grillspieße 126

Fasan 92
Fernöstlicher Obstspieß 138
Fisch, Phantasie in 119
Fischfrikadellen 36
Flambierte Apfelringe 139
Fleischwurstkrone 32
Forellen (mit Kräuterfüllung) 107
Frikadellen 22
Froschschenkel 122

Geflügelspieß 37
Gefüllte Birnen 137
Gefüllte Brötchen 154
Gefüllte Champignonköpfe 148
Gefüllte Hähnchenschenkel 86
Gefüllte Paprika 148
Gefülltes Brot 152
Gefüllte Schweinelende 60
Gegrillte Bananen 137
Gegrillter Schweinebauch 56
Gegrillte Schalentiere 120
Gegrillte Semmelknödel 148
Gemischter Salat 142
Gemischter Würstchengrill 28
Gemüsebeilagen 134
Griechischer Tomatensalat 142
Grillfondue 130
Grillrouladen 26
Grillspieße 30
Grillspieße, exotische 126
Grillwürstchen 20
Grüne Heringe 114

Hähnchen 82
Hähnchenschenkel, gefüllte 86
Hähnchenschenkel, indisch 132
Hamburger 24
Hammelkeule 79
Hasenrücken 97
Heringe, grüne 114
Hirschsteak 98
Honanspieße 127
Hühnerkroketten 34
Hummer 117
Hummerkrabben 118

Jakobsmuscheln 121

Kalbsbries 100
Kalbshaxe 74
Kalbsleber 99
Kalbsnieren 102
Kalbsnierenbraten 101
Kalbsrollbraten 75
Kalbsröllchen 76
Kalbsschnitzel 77
Kalte Saucen 144
Kantonspieße 126
Kapernbutter 151
Karpfen 108
Kartoffelsalat 142
Käse 156
Kasseler 54
Kleine Beilagen 148
Kluftsteak 72
Knoblauchbrot 154
Knoblauchbutter 151
Kräuterbutter 150

Lachskotelett 106
Lammfleischspieße 30
Lammkoteletts 80
Leberkäse 33
Leberkäse „Cordon bleu" 32
Leberspieße 45
Lendenschnecken 47
Linsensalat 142

Malteser Sauce 145
Mayonnaise 144
Mayonnaisensauce 140
Medaillons auf Apfel 52
Medaillons mit Pfefferbutter 52
Medaillons mit Tomatenratatouille 53
Meerrettichschlagsahne 147
Muscheln 120

Nierenspieße 30
Nudelsalat 142
Nürnberger Spieße 30

Obstspieß, fernöstlicher 138

Paprika, gefüllte 148
Paprikabutter 151
Paprikasalat 142
Pekingspieße 126
Perlhuhn 94
Pfefferbutter 151
Phantasie in Fisch 119
Phantasiespieße 38
Pilze 124
Porterhousesteak 73
Putenschenkel 84
Putenschnitzel 84

Raclette 125

Rauchspeck 148
Raznići 42
Rebhühner 91
Reissalat 142
Remoulade 146
Rinderlende 66
Risi-Pisi-Salat 142
Roastbeef-Rollbraten 71
Roquefortsauce 146

Salat, gemischter 142
Salatdressing 141
Salate 140
Saucen, kalte 144
Schalentiere, gegrillte 120
Schälrippchen 58
Schanghaispieße 127
Schisch Kebab 42
Schisch Köfte 41
Schweinebauch, gegrillter 56
Schweinekoteletts 62
Schweinelende, gefüllte 60
Schweinelendenspieß 30
Schweinemedaillons 52
Schweinenierenspieß 44
Schweinerollbraten 46
Schweinshaxe 48
Schwertfischsteaks 112
Seezunge 109
Semmelknödel, gegrillte 148
Spanferkel 51
Specksauce 141
Spießchen Kalkutta 133
Steckerlfisch 104
Szetschuanspieße 127

T-Bone-Steak 64
Tomatensalat 142
Tomatensalat, griechischer 142
Tournedos 69

Virginiaschinken 63

Wachteln 90
Weinbergschnecken 123
Weißer Bohnensalat 142
Weißkrautsalat 142
Wildente 96
Würstchengrill, gemischter 28

Zwiebelsalat 142

CIP-Kurztitelaufnahme der
Deutschen Bibliothek

Berliner, Alfred:
Köstlichkeiten vom Grill/von Alfred Berliner.
– Niedernhausen/Ts.: Falken-Verlag, 1983.
(Falken-Sachbuch)
ISBN 3-8068-4141-1

ISBN 3 8068 4141 1

Titelbild: Fotostudio Eberle
Fotos: Fotostudio Eberle, Schwäbisch Gmünd; Fotostudio C. P. Fischer Baldham; Fotostudio E. Gerlach, Frankfurt am Main

Satz: LibroSatz, Kriftel bei Frankfurt
Druck: Georg Appl, Wemding

817 2635 4453 6271